JOACHIM SCHARFENBERG

Seelsorge als Gespräch

Zur Theorie und Praxis
der seelsorgerlichen Gesprächsführung

Vierte Auflage

VANDENHOECK & RUPRECHT
IN GÖTTINGEN

CIP-Kurztitelaufnahme der Deutschen Bibliothek

Scharfenberg, Joachim:
Seelsorge als Gespräch : zur Theorie u. Praxis d. seelsorgerl. Gesprächsführung / Joachim Scharfenberg. - 4. Aufl. -
Göttingen : Vandenhoeck und Ruprecht, 1987.
(Handbibliothek für Beratung und Seelsorge ; Bd. 8)
ISBN 3-525-62142-6
NE: GT

4. Auflage 1987

Handbibliothek für Beratung und Seelsorge. Herausgegeben von Guido N. Groeger und Joachim Scharfenberg. Band 8 — — Gesamtherstellung: Hubert & Co., Göttingen

VORWORT

Die Praktische Theologie, speziell die Lehre von der Seelsorge ist aus ihrem noch vor wenigen Jahren beklagten „Dornröschenschlaf“ (Rudolf Bohren) erwacht. Ob die Rolle desjenigen, der sie wachgeküßt hat, der Humanwissenschaft oder der bei uns jetzt ständig an Boden gewinnenden praktisch-klinischen Seelsorgeausbildung (Clinical Pastoral Education) zuzuschreiben ist, werden erst Historiker späterer Zeiten endgültig entscheiden können. Die hier vorgelegte Arbeit ist jedenfalls noch ganz geprägt von diesem dynamischen Prozeß. Ursprünglich nicht zur Veröffentlichung bestimmt, wurde sie in weiten Partien bereits vor mehreren Jahren konzipiert und als Vorlesung an den Universitäten Tübingen und Kiel gehalten. Die Tatsache, daß Studenten und Vikare sie auf eigene Faust vervielfältigten und offenbar als hilfreich empfanden zur Vorbereitung auf die Berufsaufgaben, hat mich ermutigt, sie nun doch in den Druck zu geben. So konnte der an sich intendierte Grundcharakter eines Lehrbuches, das über die Diskussion theologischer Tagesfragen hinausgehende, gesicherte Ergebnisse mitteilt, nicht überall durchgehalten werden. Gelegentlich dominiert die kritisch-polemische Anfrage. Die Fülle der verschiedenen Gesichtspunkte, die vielleicht auf den ersten Blick etwas verwirrend wirken könnte, möchte ich als eine Art Schutzimpfung gegen das an sich verständliche Bedürfnis nach fertigen Rezepten verstanden wissen! Obwohl ich mich bemüht habe, das Manuskript auf den neuesten Diskussionsstand zu bringen, werden sich manche Autoren auf Positionen festgelegt fühlen, die sie so heute nicht mehr vertreten, und konnten wichtige Neuerscheinungen der letzten Monate nicht mehr berücksichtigt werden. Mir lag aber auch daran, einen der wichtigsten Fortschritte unserer Tage, nämlich den über das Konzept der Seelsorge als reiner Verkündigung hinaus noch einmal deutlich zu markieren und herauszuarbeiten. Jedem Paragraphen wurde eine entsprechende These vorangestellt. Die dort angegebene Literatur wurde in der Reihenfolge der Wichtigkeit für den folgenden Text angeordnet. Hier und in den Anmerkungen vermißte genauere bibliographische Angaben finden sich in der Schlußbibliographie.

Herrn Dr. Herdieckerhoff vom Verlag Vandenhoeck & Ruprecht danke ich für sachkundige und kritische Betreuung des Manuskriptes, meiner Frau für das Mittragen aller Belastungen, insbesondere die der Korrekturen, Werner Kühnholz für seine Hilfe bei den Korrekturen und die Erstellung des Registers!

Kiel, im März 1972 Joachim Scharfenberg

INHALT

Einleitung

Nirgends dürfte sich das Auseinanderbrechen von Theorie und Praxis in der deutschen evangelischen Theologie verheerender ausgewirkt haben als auf dem Felde der Seelsorge. Es hat sich darin ausgedrückt, daß Jahrzehnt um Jahrzehnt wohlklingende theologische Formeln für das Geschehen in der Seelsorge geprägt wurden und theoretische Abhandlungen zu diesem Thema geschrieben wurden, zu denen es aber keine entsprechende Praxis mehr gab. Andererseits mußte der Praktiker, der sich von den Lehrbüchern im Stich gelassen sah, die Theorielosigkeit zur Methode erheben und in geradezu unverantwortlicher Weise an den Aufgaben, vor die er sich in der Praxis gestellt sah, herumdilettieren. Man hat sich die Einsicht in diesen Tatbestand weithin auch dadurch selbst verstellt, daß man den Einbruch empirischer Forschungsmethoden in den Bereich der Seelsorge mit besonderer Hartnäckigkeit zu verhindern suchte. Noch heute wird die Anwendung einer empirischen Befragungsmethode auf diesem Gebiet weithin als so etwas wie ein Sakrileg empfunden. Beichtgeheimnis und seelsorgerliche Schweigepflicht könnten verletzt werden, so heißt es, wenn man die Vertrautheit des seelsorgerlichen Zwiegespräches für Fallbesprechungen und Gesprächsanalysen öffne, und der „Erfolg“ des seelsorgerlichen Gespräches sei ohnehin keine empirisch ermittelte Größe, sondern „Saat auf Hoffnung“, kontingentes Geschenk des Geistes, der weht, wo er will.

Demgegenüber muß doch wohl darauf hingewiesen werden, daß die Vertrauenswürdigkeit der psychoanalytischen Methode sowohl innerhalb der Wissenschaft als auch beim breiten Publikum keineswegs dadurch gelitten hat, daß man sie von Anfang an für die methodische Nachprüfbarkeit und die wissenschaftliche Diskussion im Kreise verantwortlich denkender und verschwiegener Kollegen öffnete. Der Verdacht drängt sich auf, daß das theologische Argument als willkommener Vorwand benutzt wird, um sich das heilsame Erschrecken vor dem zu ersparen, was in der kirchlichen Praxis denn tatsächlich unter dem Stichwort Seelsorge seitens der Gemeindeglieder begehrt und seitens der kirchlichen Amtsträger angeboten wird[1]. Erst die Tatsache, daß die Seelsorge ihre Monopolstellung

[1] Auf die Ergebnisse einer ersten kleinen, privaten Umfrage zum Thema Seelsorge, die sich nur gegen den Protest vieler Pfarrer durchführen ließ, habe ich hingewiesen in: „Zur Lehre von der Seelsorge“, in: ThPr 2, 1969, S. 140ff.

heute völlig zu verlieren droht und sich einer vielfältigen und vielgestaltigen säkularen Konkurrenz ausgesetzt sieht, scheint hier allmählich einen Wandel einzuleiten, der sich vor allem im Aufarbeiten ausländischer Literatur zu unserem Thema niederzuschlagen beginnt[2].

Es sollte jedoch nicht dabei bleiben, daß gleichsam unter äußerem Druck die Praxis der Seelsorge geöffnet wird für empirische Forschungsmethoden. Sie würden vermutlich wirkungslos bleiben, wenn die Kritik nicht bis zum Kernstück der theologischen Reflexion selber, von der unsere Seelsorgelehren weithin noch getragen sind, vorstoßen würde. Es ist die These dieses Buches, daß vor allem die starre Verklammerung der beiden Begriffe „Gespräch" und „Verkündigung" es ist — wobei letztere sich noch auf einen „Sprachbegriff mit höheren Weihen"[3] stützt —, die eine Praktikabilität der Lehre von der Seelsorge weithin verhindert hat. Diese unselige Verbindung, die tief in das Bewußtsein einiger Theologengenerationen eingedrungen ist, hat auch zu einer hartnäckigen und eklatanten Mißachtung der von *Paul Tillich* vorgeschlagenen theologischen Methode der Korrelation[4] durch die praktisch-theologischen Autoren geführt. Gebannt vom Vollzug der Verkündigung als Zielvorstellung der Seelsorge, dient das Gespräch als Anknüpfungspunkt, Präludium oder Vorwand für die Verkündigung, so daß derjenige, der in die Seelsorge kommt, gar nicht in die Lage versetzt wird, die „Frage", die er mit seiner Existenz darstellt, zu artikulieren und sie sich damit bewußtzumachen[5]. So hält der Seelsorger meistens Antworten auf Fragen bereit, die gar nicht gestellt werden: Theorie und Praxis brechen auseinander.

Nehmen wir jedoch die Sprachstruktur des Gespräches selber ernst und versuchen wir das aufzunehmen, was in der Vergangenheit an denkerischen Bemühungen um diese besondere Struktur geleistet und was in der Gegenwart an methodisch-empirischen Erfahrungen gesammelt wurde, so könnte sich vielleicht herausstellen, daß in dieser bisher so schwer mißachteten, besonderen Struktur des Gespräches das verborgen liegen könnte, was als das spezifisch Seelsorgerliche bezeichnet werden kann, weil das Gespräch befreien kann und zugleich diese Freiheit einzuüben vermag.

---

[2] Ich verweise hier vor allem auf Faber/v. d. Schoot, Praktikum des seelsorgerlichen Gesprächs, sowie Stollberg, Therapeutische Seelsorge.

[3] So treffend Bastian, Vom Wort zu den Wörtern, S. 28.

[4] Vgl. Tillich, Systematische Theologie, Bd. I, S. 15.

[5] Klaus Heinrich hat vorgeschlagen, als eine solche „Frage" des Menschen der Gegenwart anzusehen: „die Bedrohung, mit nichts identisch zu sein; die Bedrohung, keine Sprache zu haben unter den zerstörenden Mächten; die Bedrohung, daß die Angst des Identitätsverlustes und der Sprachlosigkeit in Selbstzerstörung treibt" (Parmenides und Jona, S. 67).

Die immer wieder gestellte Frage nach dem „proprium“ evangelischer Seelsorge soll damit aus einem neuen Gesichtswinkel betrachtet werden. Bestand bisher das theologische Interesse vorwiegend darin, die Seelsorge gegenüber säkularen Gesprächstechniken sauber abzugrenzen, um so ihren „eigentlichen“ Bereich unangetastet zu lassen, so soll im Folgenden gerade das Umgekehrte geschehen. Durch den Aufweis der Parallelität von Denkbewegungen im sogenannten „säkularen Bereich“ zu bestimmten theologischen Fragestellungen soll eine mögliche Identifizierung von theologischen Gehalten in Theorie und Praxis weltlicher Formen der Gesprächsführung ermöglicht werden. Die energische Konzentration auf das proprium evangelischer Seelsorge und die nahezu hermetische Abriegelung zwischen Theologie und außertheologischen Wissenschaften hat über einen unverhältnismäßig langen Zeitraum dem Theologen und dem kirchlichen Berufsarbeiter eine Identität garantiert, die uns heute in zunehmendem Maße fragwürdig wird. Die — wie ich meine — reichlich verspätete und deshalb oft nur mit Erschrecken wahrgenommene Identitätskrise der Berufsarbeit des Pfarrers zwingt zu einer größeren Nähe zu den nichttheologischen Bemühungen um den Menschen. Diese präsentieren sich heute bereits in einem nahezu unübersehbar gewordenen Methodenpluralismus. Die alte theologische Aufgabe: „Prüfet die Geister“ und „das Gute behaltet“ (1. Joh. 4, V. 1; 1. Thess. 5, V. 21) stellt sich so mit neuer Dringlichkeit. Sie läßt sich nicht mehr auf der Ebene einer naiven Übernahme einiger psychologischer Kniffe und Handgriffe lösen, sondern sie zwingt zu einer differenzierten Auseinandersetzung mit den theologischen Implikationen der im Hintergrund stehenden Theorien — auch auf dem Felde der Gesprächsführung. Die folgenden Überlegungen möchten mithelfen, für diese theoretische Fragestellung zu sensibilisieren und zugleich eine Hilfe für die Praxis zu leisten.

§ 1 Seelsorge und Sprache

LITERATUR:

Hans Asmussen, Die Seelsorge. München 1937.
Eduard Thurneysen, Die Lehre von der Seelsorge. München 1948.
Hans-Joachim Thilo, Der ungespaltene Mensch. Göttingen 1957.
Adolf Allwohn, Das heilende Wort. Göttingen 1958.
Adelheid Rensch, Das seelsorgerliche Gespräch. Göttingen ²1967.
Hans Otto Wölber, Das Gewissen der Kirche. Göttingen 1963.
Alfred Lorenzer, Sprachzerstörung und Rekonstruktion. Frankfurt/M. 1970.
Jürgen Habermas, Erkenntnis und Interesse. Frankfurt/M. 1968.
Ludwig Wittgenstein, Schriften. Frankfurt/M. 1963.
Wilhelm von Humboldt, Über die Verschiedenheit des menschlichen Sprachbaus (Werke in 5 Bänden, ed. Flitner/Giel), Bd. III. Darmstadt 1963.
Benjamin L. Whorf, Sprache, Denken, Wirklichkeit. Hamburg 1963.
Klaas Heeroma, Der Mensch in seiner Sprache. Witten 1963.
Hans Georg Gadamer, Wahrheit und Methode. Tübingen ²1965.
Joachim Scharfenberg, Sprache, Geschichte und Überlieferung bei Sigmund Freud, in: Dialog über den Menschen. Stuttgart 1968.
Joachim Scharfenberg, Zur Lehre von der Seelsorge, in: Theologia Practica 1969.
Eduard Thurneysen, Seelsorge im Vollzug. Zürich 1968.
Gemma Jappe, Über Wort und Sprache in der Psychoanalyse. Frankfurt/M. 1971.

THESE:

> Sehr viele Vorstellungen vom Gespräch innerhalb der neueren Seelsorgeliteratur müssen als Fehlformen des Gesprächs angesehen werden, weil sie zu einem autoritären oder methodistischen Mißbrauch der Sprache verführen und leicht in den Sog klerikaler Selbstbehauptungstendenzen geraten. Sprachlicher Umgang zweier oder mehrerer Menschen bedeutet den Verzicht auf Exaktheit im mathematischen Sinn, auf Objektivität im erkenntnistheoretischen Sinn sowie auf Information im autoritären Sinn. Durch seine grundsätzliche Zirkelstruktur kann im Gespräch dem Menschen seine Freiheit zugestellt und ihm ein Einübungsraum dieser Freiheit zur Verfügung gestellt werden. Mit der Einführung der Sprache als Therapeutikum hat die Tiefenpsychologie — darin hellsichtigen Seelsorgern ähnlich — ein Paradigma für den nichtautoritären zwischenmenschlichen Umgang im Gespräch geschaffen.

Das beinahe Tragische unserer Situation besteht darin, daß noch nie eine so große Bereitschaft zum Gespräch unter uns lebendig gewesen ist wie heute, daß die Vollzüge des Gesprächs aber immer wieder mißlingen. In allen Lebensbezügen besteht so etwas wie ein Zwang zum Gespräch. Da der Mensch sich immer stärker des Angewiesenseins auf den anderen bewußt wird, vollzieht sich schöpferische Leistung weithin in der Zusammenarbeit mehrerer Menschen und d.h. im Gespräch. Menschen drängen sich geradezu zum Gespräch mit anderen, die sie auf bestimmten Lebensgebieten für informierter oder für größere Experten halten.

Aber kaum, daß wir in das dialogische Zeitalter eingetreten sind, beginnt uns das Gespräch selbst, seine Verwirklichung und seine Durchführung in steigendem Maße problematisch und fragwürdig zu werden. Wir beginnen allmählich zu ahnen, daß das Gespräch offenbar keine so von selbst und selbstverständlich ablaufende Lebensfunktion ist, und alles spitzt sich auf die Frage zu: Gespräch jawohl, aber wie macht man das? Es läßt sich nicht leugnen; wir alle haben immer wieder viel Notvolles und Schwieriges mit dem Gespräch erlebt. Da führt man ein Gespräch, aber man versteht sich nicht. Es scheint zu einem Charakteristikum des Gesprächs zwischen Wissenschaftlern zu gehören, daß in jedem dritten Satz die Bemerkung auftaucht, daß man einander mißverstanden habe. Man führt ein Gespräch, aber man redet aneinander vorbei. Man gewinnt den Eindruck, als ob unsere Kommunikationsmittel inadäquat seien für den Zweck, den sie eigentlich verfolgen. Man redet wie auf zwei verschiedenen Ebenen. Man macht sich ein Bild vom anderen, doch die eigene Rede trifft ihn nicht. Zwei Partner stehen einander gegenüber wie mit geschlossenem Visier. So kann man ein Gespräch führen, ohne daß es zu einer Begegnung kommt. Man ist so sehr einer Sache zugewandt, daß nichts Persönliches in das Gespräch einschwingt, und man geht mit dem Gefühl einer gewissen Fruchtlosigkeit und Sterilität auseinander. Umgekehrt kann es vorkommen, daß man ein Gespräch führt, und man hat den Eindruck, daß dieses Gespräch nur zum Zwecke geführt war, Affekte zu entladen. Der eigene Affekt schiebt sich so störend in den Vordergrund, daß es zu keiner wirklichen Kommunikation, zu keiner echten Mitteilung kommen kann. Oder aber es wird ein Gespräch geführt, und man hat das Gefühl, daß es nicht ernst genommen wird. Alles bleibt im Unverbindlichen, und so steht am Schluß eines Gespräches sehr häufig nur das Gerede und das Geschwätz. Es zerfällt etwas durch das Gespräch, und man hat das Gefühl, die Teile nicht mehr zusammenzubekommen.

Das Gespräch selbst scheint krank zu sein, und es gibt radikale Kritiker, die das Gespräch selbst schwer belasten und anschuldigen. Durch das Gespräch, so wie es weithin heute geführt werde, könne — so *Joachim Bodamer* — „der Mensch in eine seelische Apparatur verwandelt werden, die möglichst geheimnislos zu sein habe. Der Mensch wird entwürdigt, geheimnislos gemacht und damit seiner personalen Innensubstanz, seiner schweigenden Substanz beraubt, in seinem Wesen zerstört“ [1]. Derselbe Verfasser macht sich lustig über die Auffassung, „daß wir einem Phänomen näher kommen, ja vielleicht uns selbst wieder erleben und davon leben können, wenn wir es in Worte formen, es beschreiben, anvisieren, es redend beschwören“ [2]. Hinter dem heute sehr häufig anzutreffenden Vorurteil, daß für die Nöte unserer Zeit Bewußtmachung, Deutung und Verstehen noch keineswegs Heilung und Lösung bedeuten, scheint mir aber gerade jene Haltung verborgen zu sein, die aus einer verhängnisvollen Fehleinschätzung der Sprache heraus nur zu einem Mißbrauch und damit vielfach zu Fehlformen des Gespräches kommen kann.

1. Der Mißbrauch des Gesprächs in der evangelischen Seelsorge

Im Bereich der evangelischen Seelsorge artikuliert sich diese Fehleinschätzung der Sprache als die ungebrochen durchgehaltene Überzeugung, daß es in einem Gespräch — falls es als seelsorgerliches Gespräch qualifiziert werden soll — um Verkündigung zu gehen habe. Diese Überzeugung wurde erstmals von *Hans Asmussen* mit seiner Definition formuliert, daß die Seelsorge das Gespräch „von Mann zu Mann sei, in welchem dem einzelnen auf seinen Kopf zu die Botschaft gesagt wird“ [3].

Die Gesprächsanweisungen, die sich auf den Seelsorgebegriff von *Hans Asmussen* gründen, wollen dem Menschen nicht die Freiheit zustellen, sondern sie wollen ihn gefangennehmen. Da die Maschen des Netzes, mit dem die Predigt den Menschen zu fangen sucht, zu weit sind, bedarf es eines engmaschigeren Netzes, um den Menschen zu fangen. Dies ist das Gespräch [4]. Das Gespräch wird einzig zu dem Zweck gewählt, und das Gemeindeglied muß deshalb zu Wort kommen, damit es Angriffsflächen bietet und so in seinen Worten verhaftet werden kann [5]. Eigentlich befindet sich der Gesprächspartner in der Rolle des Hörers, aber er soll auch reden, damit er sich verrät [6]. Damit ist das Gefälle eines solchen Gesprächs von vornherein festgelegt: Es geht vom Seelsorger aus. In ihm hat er mit

[1] Bodamer, Gesundheit in der technischen Welt, S. 65 f.
[2] Ebd., S. 57.
[3] Asmussen, Die Seelsorge, S. 15.
[4] Ebd.
[5] Ebd., S. 19.
[6] Ebd., S. 16.

„Würde und Takt“ die Führung[7]. An den Führer eines solchen Gesprächs stellt *Asmussen* den Anspruch, daß die Würde des Auftretens der Höhe des Anspruchs, nämlich im Namen Gottes aufzutreten und zu sprechen, entsprechen muß[8]. Der Gesprächscharakter, das Miteinander von Seelsorger und Hörer ist also etwas durchaus Vorläufiges, etwas zu Überwindendes, in dem sich der Hörer nur zu verraten hat, Angriffsflächen zu bieten hat, damit an den weichen Stellen die Verkündigung angebracht werden kann, so daß sie sitzt, daß sie trifft, daß sie den Betreffenden in Beschlag nimmt, verhaftet, gefangennimmt. Die Verkündigung kann niemals Diskussion sein, sie ist vielmehr das Ende der Diskussion[9].

Auch für *Eduard Thurneysen* ist die Verkündigung der zentrale Ausrichtungspunkt, auf den das Gespräch bezogen sein muß. Die Modellvorstellung, an der sich das Gespräch zu orientieren hat, ist das, was *Eduard Thurneysen* das liturgische Gespräch nennt. Es geht dabei um jenes Gespräch, das Gott führt und in das er den Menschen hereinzieht, so daß sich die Antwort des Menschen wiederum an Gott richtet. Es kommt zu Lied und Gebet. Ein solches durch Gottes Wort gewecktes ihm antwortendes Sprechen nennt man aber Liturgie[10]. Die Antwort, die der Mensch Gott gegenüber finden kann, ist immer eine liturgische, „das will sagen, eine im Dienst des Wortes Gottes stehende Antwort“. Als eine Sonderform dieses liturgischen Gespräches will *Thurneysen* das seelsorgerliche Gespräch verstanden wissen. Es unterscheidet sich von jedem anderen Gespräch durch den Vorbehalt des „Wortes und Geistes Gottes“[11]. Es kann deshalb das Ziel eines jeden seelsorgerlichen Gespräches nur sein, daß es sich allmählich auch im eigentlichen Sinne zum liturgischen Gespräch wandelt, daß in ihm das Wort Gottes gelesen und ausgelegt wird, daß gebetet wird und daß Gott gelobt wird. Nur wenn es gelingt, das Gespräch miteinander unter die Gewalt des Wortes Gottes zu stellen, dann ist ein seelsorgerliches Gespräch zustande gekommen. Es kommt darauf an, „daß in alle menschliche seelische Bewegtheit hinein Gottes Wort fällt“[12]. Der Seelsorger, der ein solches Gespräch führt, kann sich also niemals dem Duktus des wirklichen Gespräches überlassen, sondern er muß immer im Auge behalten, wie er es in ein solches liturgisches Gespräch verwandeln kann. Bezeichnend sind dabei die Bilder, die *Thurneysen* gebraucht: Der Seelsorger muß sich im Gespräch wie auf Patrouille geschickt fühlen, er darf sich nicht ab-

[7] Ebd.
[8] Ebd., S. 17.
[9] Ebd., S. 20.
[10] Thurneysen, Die Lehre von der Seelsorge, S. 93.
[11] Ebd., S. 94.
[12] Ebd., S. 95.

schneiden lassen von der Heimatbasis, denn „Gott muß zu seinem Rechte kommen mit seinem Worte in allen Lebensgebieten des Menschen“ [13].

Wie sich das in der Praxis auswirkt, kann man bei *Thurneysen* auch an den gelegentlich gegebenen Beispielen studieren. Er schildert eine Frau, die zum Seelsorger kommt, weil sie unter unerträglichen Kopfschmerzen leidet, die mit ihrer mangelnden sexuellen Erlebnisfähigkeit in der Ehe zu tun haben. So viel hat bereits ein Psychiater festgestellt. Die Aufgabe des seelsorgerlichen Gesprächs sieht nun *Thurneysen* darin, daß auf diese Not nach Möglichkeit überhaupt nicht eingegangen werden sollte, sondern daß die Betreffende „Licht und Wahrheit aus Gottes Wort empfangen muß, daß ihre Sünde aufgedeckt und ihr Vergebung kundgemacht wird, damit sie im Lichte dieser Vergebung einen neuen Lebenstag beginnen könne“ [14]. Wie der Gesprächspartner jedoch zu solchen Vorhaben gewonnen werden kann und wie es zu einer wirklichen Beteiligung seinerseits an einem solchen Gespräch kommen kann, darüber wird merkwürdigerweise bei *Thurneysen* überhaupt nicht reflektiert. *Thurneysen* empfindet selber, daß ins einzelne gehende technische Ratschläge für eine derartige Gesprächsführung außerordentlich schwierig sind. Man findet sie deshalb in seiner Seelsorgelehre auch wenig. Er rekurriert vielmehr auf den Vorbehalt des heiligen Geistes und betont ständig, daß seitens des Seelsorgers „das Zuhören zuerst und gleichzeitig zum Hören auf Gottes Wort werden muß, das uns den Menschen und das Menschliche überhaupt erst verstehen lehrt“ [15]. Es kann deshalb überhaupt nicht verwundern, daß der *eine* Zielpunkt, auf den alles bei *Thurneysen* immer wieder zusteuert, in dem Rat zum Gebet besteht[16]. Seelsorge erfüllt sich also nur dann, wenn gleichsam über die konkrete menschliche Not hinweg, der jemand orientierungs-, verständnis- und kraftlos gegenübersteht, sich das liturgische Gespräch mit Gott vollzieht. Daß dies nur in einer ganz verschwindend kleinen Anzahl von Seelsorgegesprächen wirklich möglich sein kann, darüber wird offensichtlich nicht reflektiert.

Es wäre nun verfehlt, wollte man annehmen, daß die beiden Klassiker evangelischer Seelsorge, *Asmussen* und *Thurneysen*, und ihre Grundeinstellungen heute überwunden wären. Fast alle Bücher, die zur Frage evangelischer Seelsorge erschienen sind, halten sich bis vor wenigen Jahren an die Vorstellung, daß in der Seelsorge Verkündigung zu geschehen habe und daß deshalb das von *Asmussen* und *Thurneysen* geforderte Gefälle des Gesprächs nicht aufgegeben werden kann.

---

[13] Ebd., S. 109.
[14] Ebd., S. 110.
[15] Ebd., S. 111.
[16] Ebd., S. 123.

Das Leitbild der neueren Seelsorgelehren ist unbeschadet des soziologischen Strukturwandels das des geistlichen Vaters. In schöner Naivität wird der Gesprächspartner als „Seelsorgekind“ bezeichnet, und dem Seelsorger wird der Auftrag erteilt zu urteilen, wie Väter und Mütter es tun[17].

Eine so verstandene Gesprächsführung wird es also darauf anlegen müssen, das Gespräch zu einem „Bruch“ zu führen. Es ist gekennzeichnet durch diese Bruchlinie und verläuft deshalb auf zwei Ebenen[18]: „Mag das Gespräch sanft und flach beginnen, es wird auf Veranlassung des Seelsorgers an einer Stelle einen Bruch erfahren. Da wird ihm ein neuer Anfang gesetzt werden, den der Seelsorger bestimmt. Der Seelsorger wird lieber das Gespräch abbrechen als auf die Führung des Gesprächs verzichten, weil er nicht als Privatmann, sondern als Träger eines Amtes kommt. Wenn ich im Gespräch die Führung aus der Hand gebe, dann werde ich untreu gegen meinen Herrn.“[19]

Die These vom Bruch innerhalb des seelsorgerlichen Gesprächs ist keine spezifische Neuentdeckung der an der Verkündigung orientierten Seelsorgelehren von *Asmussen* und *Thurneysen*. Sie findet sich ebenso in den mehr psychologisch bestimmten Seelsorgelehren, die sich am ärztlichen Tun zu orientieren suchen. Am deutlichsten und instruktivsten findet sie sich ausgedrückt bei *Horst Fichtner* und wird hier wie bei anderen Autoren zu einer ausgesprochenen Methodik des Gesprächs ausgearbeitet. Folgende Anweisungen werden gegeben: Der Seelsorger soll zunächst mit Beispielen aus seinem eigenen Leben gewürzte bestimmte Fragen an den „Pflegling“ stellen und dann folgendermaßen verfahren: „Es muß der Seelsorger, nachdem der Redestrom entsiegelt ist, sorgsam darauf achten, ob sich ihm nicht eine Gelegenheit bietet, die ihn unmerklich das Gespräch von den persönlichen Fragen zum rein Seelsorgerlichen abbiegen läßt. Diese Gelegenheit muß gesucht und gefunden werden, damit das Gespräch mit einem herzandringenden, gewissenweckenden Appell endigen kann, der sich an die Einsicht des Pflegelings wendet und ihn mit den Worten irgendeines passenden Schriftwortes in das Licht der Verantwortung vor Gott rückt. Das Gespräch dürfte in einen mehr weltlichen und einen mehr seelsorgerlichen Teil zerfallen ... Der Seelsorger muß darauf sehen, daß der weltliche Teil immer kürzer wird. Nachdem sodann noch eine Vertiefung gegeben ist, wird man auf die Gnade Gottes hinweisen und unter Aktivierung des Willenskomplexes die primär wirkungsvollen Motive hem-

[17] Wölber, Das Gewissen der Kirche, S. 184 f.

[18] Thurneysen, Die Lehre von der Seelsorge, S. 114.

[19] Asmussen, Die Seelsorge, S. 17.

men oder die diesseitig bedingte Triebregung im Pflegeling unterdrükken."[20] Eine solche Anweisung zur Seelsorge betrachtet also die persönlichen Probleme eines in die Seelsorge Kommenden als etwas völlig Irrelevantes, was es möglichst schnell beiseite zu schieben gilt. Das eigentliche Ziel muß angesteuert werden, nämlich mit Hilfe von passenden Schriftworten eine Triebunterdrückung zustande zu bekommen. Wir tun hier einen Blick in jene Seelsorgepraxis, die den Berliner Arzt *Eberhard Schaetzing* zu der Rede von den sogenannten „ekklesiogenen Neurosen" veranlaßt hat.

Das tief Enttäuschende ist jedoch, daß auch die neueren, mehr tiefenpsychologisch orientierten Anregungen zum seelsorgerlichen Gespräch sich bis vor kurzem aus dieser methodistischen Verkrampfung nicht zu lösen vermochten. So erscheint etwa auch bei *Adolf Allwohn* der in die Seelsorge Kommende als das Objekt bestimmter psychotechnischer Manipulationen. Er schreibt: „Das wichtigste ist die Weckung des Schuldbewußtseins und der Erlösungssehnsucht. Der Mensch soll als hilflos, sehnsüchtig und gequält in Erscheinung treten."[21] Und auch *Hans-Joachim Thilo* konnte sich lange von diesem Verständnis des sogenannten Seelsorgekindes und dem Gegenüber zu ihm als einer Kampfsituation nicht lösen: „Der Seelsorger muß wissen, daß der sich ihm zum Gespräch stellende Mensch gar nicht anders kann als sich vor dem, was der Seelsorger zu sagen oder zu fragen hat, zu verstecken. Aufgabe des Seelsorgers ist es nun, sein Seelsorgekind dazu zu bringen, daß es bereit wird, von sich aus diese Maske mehr und mehr abzulegen."[22] Auch hier wird die psychologische Technik nur dazu benutzt, eine gute psychologische Fragetechnik zu entwickeln, „um so schnell wie möglich von den uneigentlichen, vordergründigen Dingen zu dem eigentlichen, verdeckten Befund der Fehlhaltung, ja der Sünde und der Schuld vorzustoßen"[23].

Auch die ausführliche Anleitung zum seelsorgerlichen Gespräch von *Adelheid Rensch* kann sich aus diesem Denkschema nicht lösen. Das Seelsorgegespräch ist gekennzeichnet durch eine radikale Nähe zum Urgespräch, zum Gespräch zwischen Gott und dem Menschen[24]. Es muß mit dem Anspruch umkleidet werden, die strukturbestimmende Mitte der Person und damit ihre Ganzheit zu suchen[25]. Es kann sich daher alle

[20] Fichtner, Systematik der Seelsorge, S. 64 f.

[21] Allwohn, Das heilende Wort, S. 204.

[22] Thilo, Der ungespaltene Mensch, S. 75. In seinen neueren Veröffentlichungen hat sich Thilo deutlich von dieser Position distanziert, vor allem etwa in: Beratende Seelsorge.

[23] Ebd., S. 78.

[24] Rensch, Das seelsorgerliche Gespräch, S. 13.

[25] Ebd., S. 14.

anderen Gesprächsformen zunutze machen, sie werden jedoch nur als Durchgangsstufen zu seinem eigentlichen Ziel angesehen, und das Seelsorgegespräch muß für sich in Anspruch nehmen, alle Spezialformen von Gespräch überhaupt zu vollenden[26]. Verkündigung muß in jedem Fall das Ziel bleiben, wann sie jedoch geschieht, ist eine Sache des Falles[27]. Andere Formen des Gesprächs qualifizieren sich nur als Seelsorgegespräch, wenn sie zugleich auf die Wiedergeburt und das Heil des Menschen hinarbeiten[28]. Das Seelsorgegespräch hat sich deshalb an jener fatalen Konstruktion zu orientieren, die man weithin als die „Seelsorge Jesu" bezeichnet, das heißt es geht „um eine Methode und Haltung, die dem tiefdringenden Menschenverständnis Christi nahe zu kommen sucht"[29]. Diese Grundlegung und Zielsetzung verlangt nun danach, daß man sich nicht der Freiheit eines wirklichen Gespräches überlassen kann, sondern daß diese Freiheit durch methodische Anweisungen eingegrenzt werden muß. Es geht durch eine Phase der Anknüpfung auf eine diagnostische Phase zu, der sich eine Phase der Beratung und der Verkündigung des Wortes anschließen muß, die als Glaubenshilfe dargestellt wird und die gekrönt wird durch eine Phase der praktischen Hilfeleistung zur Verwirklichung der Glaubenserkenntnis, die als Glaubens- und Lebenshilfe bezeichnet wird[30].

Versuchen wir unsere Kritik zusammenzufassen: Autoritär muß jede Gesprächsführung genannt werden, die das Gespräch nur dazu benutzen will, um etwas Vorgegebenes, an der Vergangenheit Orientiertes, Bekanntes und Verfügbares „auszurichten". Das Sprachgeschehen wird also hier in verobjektivierender Manier ebenso eingeengt wie überall da, wo man nach einer vorgegebenen Methode verfahren will, die in einer unwandelbaren Grundstruktur stets das Gleiche, wenn auch in einer dem Einzelfall strategisch angepaßten Modifikation vollziehen will. Sie ist in der Tat „liturgisch", denn sie versucht den lebendigen Gesprächsablauf zu ritualisieren, in ein vorgegebenes Gleis zu lenken. Damit erhält die Seelsorge aber den Charakter einer religiösen „Begehung", die in einer Art Wiederholungszwang in die ewiggleiche Kreisbahn um denselben Mittelpunkt einschwingen läßt. Die damit gegebenen soziologischen und psychologischen Probleme lassen sich vor allem am Beispiel der Einzelbeichte deutlich machen.

---

[26] Ebd., S. 15. [27] Ebd. [28] Ebd., S. 16. [29] Ebd., S. 19.

[30] Ebd., S. 27. Man würde dem Buch von Adelheid Rensch unrecht tun, wenn man nicht bemerken würde, daß hier durchaus auch das Bestreben, Menschen zur Selbständigkeit zu erziehen und in Freiheit zu setzen, akzentuiert würde. Aber es wird immer wieder gebrochen durch die Spannung zu einer „festen, zielbestimmten Führung", die im Seelsorgegespräch im Vordergrund steht (vgl. S. 206 f.).

2. Das Problem der Beichte und das Gespräch

Abgesehen von den beiden klassischen Seelsorgelehren von *Hans Asmussen* und *Eduard Thurneysen* haben auch die neueren Seelsorgelehren, soweit sie sich an der Verkündigung als der zentralen Aufgabe des seelsorgerlichen Gesprächs orientieren, als das eigentliche Ziel des Gesprächs die Beichte im Auge. So schreibt *Hans-Joachim Thilo,* daß das seelsorgerliche Gespräch in den meisten Fällen die notwendige Vorbereitung der Beichte sein wird[31]. *Adolf Allwohn* fordert, daß jedem Seelsorgegespräch die „innere Tendenz zum Beichtgespräch“ innewohnen müsse[32]. Dieser deutliche Trend zu einer Regeneration der evangelischen Beichte scheint eine wesentliche Stützung dadurch zu erfahren, daß auf den Evangelischen Kirchentagen ein außergewöhnlich starker Drang zu Beichte und Einzelgespräch zu beobachten war. Er ist von verschiedenen Seiten her im Sinne einer sich neu anbahnenden Renaissance der Einzelbeichte innerhalb der evangelischen Kirche interpretiert worden[33].

Demgegenüber muß nun auf das deutlichste betont werden, daß man sich kaum einen größeren Unterschied wie den zwischen Gespräch und Beichte denken kann. Nach evangelischem Verständnis kann die Beichte lediglich der Dienst sein, den ein Bruder dem anderen tut, indem er ihm auf dessen bußfertiges Bekenntnis hin an Christi Statt die Vergebung der Sünden zuspricht. Sie kann nur da gebraucht werden, wo es gilt, das erschrockene und verstörte Gewissen zu trösten, den Glauben durch ein äußeres Zeichen zu stärken und die zerstörte Gemeinschaft mit Gott und dem Bruder wiederherzustellen. Es ist also eine bestimmte psychologische Situation, die die Reformatoren im Auge hatten, als sie auch innerhalb der evangelischen Kirche eine Hochschätzung der Beichte forderten. Sie besteht in der Situation eines Menschen, der unter einem angefochtenen und verstörten Gewissen leidet. Nun wäre aber zu fragen, ob diese psychologische Situation heute als Massenerscheinung noch gegeben sein kann. Vielleicht erweisen sich einige soziologischen Erwägungen hier als hilfreich.

Der amerikanische Soziologe *David Riesman* hat in seinem Buch „Die einsame Masse“ eine Zuordnung von Charaktertypen und Gesellschaftsformen versucht, die außerordentlich weite Verbreitung und Zustimmung gefunden hat. Danach werden der Typus des traditionsgeleiteten, des

---

[31] Thilo, Der ungespaltene Mensch, S. 76.

[32] Allwohn, Das heilende Wort, S. 208.

[33] Böhme, Beichtlehre für evangelische Christen, 1956; Lackmann, Wie beichten wir?; Planck, Evangelisches Beichtbüchlein; Uhsadel, Evangelische Beichte in Vergangenheit und Gegenwart; Thurian, Evangelische Beichte.

innengeleiteten und des außengeleiteten Menschen jeweils einer bestimmten gesellschaftlichen Situation zugeordnet[34].

Die Welt des traditionsgelenkten Menschen bietet eine in äußeren Ordnungen erkennbare, durch Autoritäten, Institutionen und Traditionen gesicherte Hierarchie ewiger Werte, in die sich der einzelne lediglich einzuordnen braucht. Schuld wird in dieser Zeit vornehmlich als das Herausfallen aus der ewigen Ordnung erlebt. Die klassische Seelsorgeform dieser Zeit ist deshalb das römisch-katholische Beichtinstitut, das den gewissensempfindlichen und gewissensstarken Menschen dieser Epoche eine Befriedung seiner Existenz durch die Versöhnung mit der Institution und eine ihm auferlegte Bußleistung garantierte.

In der Welt des innengelenkten Menschen erfolgt Orientierung und ethische Ausrichtung stärker an der Innerlichkeit. Die Kategorie des einzelnen wird entdeckt. Es kommt zu einer Hochschätzung der Persönlichkeit, und dem Gewissen wird eine Bedeutung zugemessen, wie es sie in früheren Epochen nicht gehabt hat. Die Umprägung der Seelsorge im intellektuellen und erwecklichen-emotionalen Sinne entspricht dieser Verlagerung der Orientierung nach innen.

In unserer Zeit nun scheint der Mensch in besonderer Weise am anderen orientiert zu sein (er ist „other-directed"). Die Voraussetzung für eine starke Verinnerlichung der Gewissensnormen ist nicht mehr gegeben, weil ihm keine starken Persönlichkeiten zur Identifizierung mehr zur Verfügung stehen und ein einheitliches Ordnungsgefüge von Geboten und Verboten nicht mehr vorhanden ist. Schuld wird deshalb weder vornehmlich als das Herausfallen aus einer ewigen Ordnung noch als quälender Gewissenskonflikt erfahren, sondern sie manifestiert sich in einer gewissen Orientierungslosigkeit im Zusammenleben der Menschen. Die klassische Frage der Reformation „Wie kriege ich einen gnädigen Gott?" scheint immer stärker in der Praxis der Seelsorge zurückzutreten. Immer weniger Menschen kommen mit einem angefochtenen und verstörten Gewissen zum Seelsorger, um sich die Vergebung der Sünden zusprechen zu lassen. Auch die Entwicklung auf den Kirchentagen hat gezeigt, daß das Verlangen nach Einzelbeichte spürbar zurücktritt gegenüber dem Drang nach einem persönlichen Beratungs- oder Seelsorgegespräch, in dem der einzelne seine Konfliktsituation mit einem anderen durchsprechen, besser verstehen und bewältigen kann.

Angesichts der völlig veränderten psychischen Situation des Menschen unserer Tage scheint also die psychologische Situation, die zur Hoch-

---

[34] Riesman, Die einsame Masse, S. 20 ff.

schätzung der Beichte geführt hat, nicht mehr gegeben zu sein. Es steht auch zu erwarten, daß sie in der Zukunft noch stärker zurücktreten wird. Die ständig erhobene Forderung, daß das Ziel jeden seelsorgerlichen Gesprächs das Beichtgespräch sein soll, kann deshalb nur als eine romantisch-pathetische Forderung ohne jeden Wirklichkeitsgehalt bezeichnet werden. Auch rein statistisch gesehen spielt die ausgesprochene Beichte in der heutigen Seelsorge nur noch eine ganz verschwindende Rolle. Überall, wo man sie wieder „einzuführen" versucht, muß man sich ernsthaft fragen, ob nicht klerikalistische Tendenzen im Hintergrund stehen, die nicht den leidenden Menschen und seine Schwierigkeiten im Auge haben, sondern das an Sozialprestige sehr zurückgesunkene kirchliche Amt, dem damit eine Autoritätsaufwertung zukommen soll. Auch wo die Beichte als Therapeutikum gepriesen wird, scheint ein grobes Mißverständnis zu walten. Der therapeutische Effekt der Sprache liegt ja keineswegs im Aussprechen von bewußtgewordenen Verfehlungen, sondern in der sprachlichen Rekonstruktion unbewußt gewordener, also verdrängter, traumatischer Szenen[35]. Wo Menschen von sich aus mit dem Beichtbegehren zum Seelsorger kommen, muß deshalb zunächst sehr sorgfältig geprüft werden, ob nicht ein krankhafter Prozeß im Hintergrund steht, gegen den der Vollzug der Beichte und der Zuspruch der Vergebung zwangsläufig völlig wirkungslos bleiben muß.

Für den Lebensweg und Ausbildungsgang des Verfassers dürfte es von entscheidender Bedeutung gewesen sein, daß ihm als jungen, gerade examinierten Hilfsprediger in der Krankenhausseelsorge eine Frau begegnete, die den Wunsch aussprach, zur Einzelbeichte kommen zu dürfen. Es wurde ein Termin vereinbart, zu dem das nach der Agende vorgeschriebene Beichtritual durchgeführt wurde: Die Frau bekannte ihre schweren Schuldgefühle für ein Jahrzehnte zurückliegendes geringfügiges Eigentumsdelikt, und es wurde ihr „auf den Kopf zu, anstatt und auf Befehl des Herrn Jesu Christi" die Vergebung dieser Sünde unter Handauflegung zugesprochen. Am nächsten Tag bat sie aber erneut um ein Gespräch, in dem sie gestand, daß der Beichtakt sie keineswegs von ihren quälenden Schuldgefühlen befreit habe und äußerte Zweifel daran, ob der Seelsorger wegen seiner Jugend und mangelnden Erfahrung seinen Dienst denn schon mit der erhofften Wirkung ausüben könne. Sie berichtete, daß sie allerdings schon vierzehnmal denselben Versuch mit dem gleichen negativen Ergebnis bei jeweils verschiedenen Pfarrern unternommen habe.

---

[35] Vgl. Lorenzer, Sprachzerstörung und Rekonstruktion, S. 152ff.

Die Herausforderung, die in einem solchen, an sich geringfügigen Erleben liegen könnte, über das gewiß in ähnlicher Form jeder erfahrene Seelsorger berichten kann, hat man sich lange dadurch aus dem Wege geräumt, daß man den seelsorgerlichen Dienst als zuständig für die seelisch Gesunden ansah, die Psychotherapie jedoch als wirksames Mittel bei seelischen Erkrankungen, wie in dem vorliegenden Fall, ansah.

Man muß sich aber dabei klarmachen, daß eine klare Abgrenzung zwischen dem, was als seelisch krank und was als gesund zu gelten habe, in zunehmendem Maße schwierig wird. Es gibt bereits Stimmen, die behaupten, die Neurotiker protestierten — wie hilflos auch immer — ganz zu Recht gegen unmenschlich gewordene gesellschaftliche Zustände und die eigentlichen Sorgenkinder seien auch für den Psychotherapeuten die sogenannten „Normalen“, die vorzüglich Angepaßten[36], so daß in einer „ver-rückten“ Gesellschaft die Verrückten eigentlich als die Normalen bezeichnet werden müssen[37].

Wie dem auch sei, es bleibt die herausfordernde Frage, warum in bestimmten, zahlenmäßig zunehmenden Fällen sich der seelsorgerliche Zuspruch als wirkungslos, das psychotherapeutische Bemühen dagegen als wirkungskräftig erwiesen hat, und warum man, wenn man psychotherapeutisch arbeitet, auch denen helfen kann, bei denen die seelsorgerlichen Methoden nicht zu helfen vermochten.

Es scheint mir ein verhängsvolles Mißverständnis der Entfaltung der christlichen Botschaft in der Geschichte zu sein, daß die Seelsorge sich dabei meinte an einer unmittelbaren Gleichförmigkeit zu Jesu Tat und Wort orientieren zu müssen. Wenn die christliche Seelsorge nicht mehr die gleiche Erfahrung mache wie sie von Jesus berichtet wird, daß nämlich Krankheit irgendwelcher therapeutischer Manipulation weiche und nur auf das Vergebungswort hin psychische Befreiung erfolge, dann müsse ihr etwas verlorengegangen sein, das es zurückzugewinnen gelte oder auf dessen Rückkehr man nur in Demut warten müsse[38].

Es könnte aber auch sein, daß die erlebnismäßigen Voraussetzungen für eine solche Erfahrung und ihre Vermittlung sich im Laufe der geschichtlichen Entwicklung geändert haben. *Sigmund Freud* hat einige sehr tiefsinnige Überlegungen zu den hier anstehenden Problemen beigesteuert. Er fragt sich nämlich, was an dem Jesus-Wort an den Gicht-

---

[36] So Fromm, Psychoanalyse und Religion, S. 99.

[37] So Laing, Phänomenologie der Erfahrung.

[38] Eine Verschränkung dieser beiden Motive umschreibt Joh. Chr. Blumhardt mit einer Haltung, die er mit „Warten und Eilen“ als ein geflügeltes Wort immer wieder aufgriff (vgl. Scharfenberg, Johann Christoph Blumhardt und die kirchliche Seelsorge heute, S. 105 f.).

brüchigen: „Dir sind deine Sünden vergeben“ (Mk 2,5 par) auf dem Hintergrund psychoanalytischer Erfahrungen verstehbar wird und bezeichnet den Vorgang als eine „Aufforderung zu schrankenloser Übertragung“, die dem, der so sprechen kann, eine geradezu überwältigende Autorität einräumt, obwohl er zu ihr weder durch Tradition noch durch Recht legitimiert ist. Den absolut qualitativen Abstand zu einer solchen Möglichkeit formuliert er mit folgenden Worten: „Stellen Sie sich vor, ich sagte zu einem Kranken: ‚Ich, der ordentliche Titularprofessor *Sigmund Freud* vergebe Ihnen Ihre Sünden.‘ Welche Blamage in meine Fall!“[39] Wenn er aber fortfährt: „Für den anderen Fall gilt aber der Satz, daß die Analyse sich nicht mit einem Suggestionserfolg begnügt, sondern Herkunft und Berechtigung der Übertragung untersucht“, dann könnte darin das eigentliche Anliegen dieses Teiles der Jesus-Überlieferung treffend aufgenommen sein: Nicht die Weitertradierung von Suggestionserfolgen durch Aufforderung zu schrankenloser Übertragung ist das proprium evangelischer Seelsorge, sondern Nachfolge Jesu heißt, Herkunft und Berechtigung traditionell vorgegebener Übertragungsbereitschaften in Frage zu stellen: „Ihr habt gehört, daß zu den Alten gesagt ist, ich aber sage euch.“ Der Seelsorger kann sich also die „Blamage“ nicht ersparen, die unweigerlich eintritt, wenn er sich so als „Nachfolger“ Jesu versteht, daß er meint, dessen „Krafttaten“ und „Machtworte“ kopieren zu können und die schrankenlose Bereitschaft zur Übertragung lediglich ins Flußbett oftmals sehr sublimer und verborgener klerikaler Herrschaftsansprüche meint lenken zu können. Er wird sich aber insofern als Jesu Nachfolger fühlen dürfen als er sich bemüht, wie er traditionell vorgeprägte Übertragungswünsche und -bedürfnisse grundsätzlich in Frage zu stellen.

Wenn der amerikanische Theologe *Peter Homans* es als eine dringende theologische Aufgabenstellung ansieht, die Begrifflichkeit des „Übertragungsgottes“, die für ihn identisch ist mit der Gottesvorstellung des Theismus im Sinne von *Paul Tillich*[40], zu überwinden, so soll es uns hier um die seelsorgerliche Verwirklichung und Konkretisierung dieses Anliegens gehen: Der seelsorgerliche Weg, der mit einem Menschen gegangen werden muß, besteht nicht im Ausnützen von sporadisch vielleicht noch gegebenen Übertragungsbereitschaften, sondern im konsequenten Versuch, diese immer wieder in Frage zu stellen und damit Götzenbilder zu stürzen, zu denen auch der heutige Mensch immer wieder hinneigen mag. Sie vollzieht sich nicht in einem ritualisierten Akt, der höchste Autorität

[39] Freud/Pfister, Briefe 1909/1939, S. 135 f.

[40] Homans, Theology after Freud, S. 85 ff.

beanspruchen kann, sondern im mühsamen Versuch einer Wegbegleitung auf Zeit, die tatsächlich befreiend zu wirken vermag.

Wo die Beichte in der Gegenwart tatsächlich wieder zum Leben erweckt wurde, war die Voraussetzung dafür eine lebensfähige und starke Gemeinschaft, in der einzelne standen, wie sie innerhalb der Kirche in kommunitären Lebensformen und außerhalb von ihr in Kommunen und Wohngemeinschaften erlebt werden. Innerhalb einer solchen Communio wird sich die Beichte lebensfähig erhalten können, allerdings nicht in der Form der „geheimen" Beichte, sondern in Gestalt der selbstkritischen Gruppenaussprache, in der der einzelne bereit ist, seine eigenen Fehler und Vorurteile zuzugeben und in der Gemeinschaft zur Diskussion zu stellen. Es könnte sein, daß hier ein Element urchristlicher Beichtpraxis innerhalb der Gemeinschaft wieder lebendig werden könnte. Derartig an eine feste Arkandisziplin gebundene Formen sollten jedoch nicht mit den häufig an peinlichsten Exihibitionismus erinnernde Methoden von Moralischer Aufrüstung und Gruppenbewegung verwechselt werden, wo es innerhalb der Öffentlichkeit zu Sündenbekenntnissen kommt, die häufig äußerst abstoßend wirken. Der Mensch unserer Tage sucht offensichtlich nicht den Beichtvater einer abgelebten patriarchalischen Struktur, sondern den offenen und bereiten Partner zu einem Gespräch, das ihm seine Freiheit erschließt und neue Möglichkeiten der Konfliktlösung in ihm aufdeckt.

Somit besteht der theologische Ansatz, der im tatsächlichen Gesprächscharakter das seelsorgerliche Element zu finden versucht, in dem Stichwort von der Freiheit. Es kann mit herzlicher Zustimmung der theologische Ansatz *Otto Haendlers* für das seelsorgerliche Gespräch zitiert werden, der sehr klar darstellt, daß das Ziel seelsorgerlichen Gespräches die Freiheit eines Christenmenschen sei und daß rechte Seelsorge in dem Betreuten das deutliche Empfinden wachhalten müsse, daß er von Freiheit zu Freiheit geführt werde[41]. Die Frage nach der Freiheit eines Christenmenschen wird also die kritische Sonde sein, mit der wir im folgenden einige Grundauffassungen vom Gespräch überprüfen mit der Frage, wieweit der Informationscharakter der Sprache als Grundlage für das seelsorgerliche Gespräch zu dienen vermag.

3. Sprache und Information

Seelsorge, so lesen wir in fast allen Lehrbüchern der jüngeren Zeit, sei Verkündigung in der Form des Gespräches. Diese Formel wirkt bestechend und sie hat bis in die Gegenwart hinein so etwas wie einen Tabu-

[41] Haendler, Grundriß der Praktischen Theologie, S. 71 u. 369 f.

Charakter beigelegt bekommen: niemand wagte ernsthaft, sie zu kritisieren oder in Frage zu stellen. Dabei ist von allem Anfang an den Autoren die starke logische Spannung, die zwischen diesen beiden Begriffen „Verkündigung“ und „Gespräch“ besteht, aufgefallen. „Verkündigung“ — das heißt doch Zuspruch von etwas Festem, Unwandelbarem, objektiv Vorgegebenem, das man vorher noch nicht gewußt hat und das in einem zwangsläufig autoritären Gefälle von dem einen auf den oder die anderen übergeht. „Gespräch“ — das heißt doch prinzipielle Offenheit, Zweideutigkeit, heißt bipolares, partnerschaftliches Hin und Her von menschlicher Rede. Sind diese Gegensätze überhaupt zu vereinen?

Vielleicht geht der Gegensatz von Gespräch und Verkündigung noch viel tiefer, als man bisher anzunehmen geneigt war? Vielleicht sind beide Begriffe Ausdruck von jeweils verschiedenen Denkstrukturen und Bewußtseinslagen? Vielleicht hat ihre Unvereinbarkeit sogar tiefreichende historische Wurzeln?

Klaus Heinrich hat neuerlich wieder den an sich nicht neuen Versuch unternommen, unsere abendländische Überlieferung durch zwei verschiedene Geisteslagen, die bis in die Gegenwart und das „profane“ Denken hinein wirksam sind, charakterisiert zu sehen. Die eine nennt er die „ursprungsmythische“ Geisteslage, die er von *Parmenides* bis zu *Martin Heidegger* und *Carl Gustav Jung* am Werke sieht und für die die „genealogisierende Rückbindung“ an den „Ursprung“ das Entscheidende ist. Ihr steht die gleichfalls sehr alte Tradition gegenüber, in der „in unserer Geschichte bis in die profanen Formen der Aufklärung hinein das Element des Prophetismus gegenwärtig ist“ [42], deren zentrales Stichwort nicht das des „Ursprungs“, sondern das des „Bundes“ ist. Es scheint nachprüfenswert, wieweit das Dominieren des Verkündigungsgedankens in der Seelsorge Ausdruck eines im Grunde ursprungsmythischen Denkens ist, das sich niemals aus dem autoritären Gefälle der Rückbindung an die Ursprünge lösen kann, während mit dem Stichwort „Gespräch“ Impulse der Partnerschaft gegeben werden, wie sie sich im Bundesgedanken ausgedrückt haben und wie sie unter Verzicht auf Endgültigkeit und Eindeutigkeit in immer neu gesetzten Zielen Zukunft, Freiheit und neue Lebens- und Lösungsmöglichkeiten eröffnen.

Ja, es muß sogar die Frage gestellt werden, ob mit dem Bemühen der Verkündigung um Objektivität im erkenntnistheoretischen Sinn, die diesen Vorgang in die unmittelbare Nähe der Information rückt, nicht

---

[42] Vgl. Heinrich, Parmenides und Jona, S. 27.

eine eigentümliche Grundstruktur sprachlicher Kommunikation selbst zerstört wird.

Es war vor allem *Wilhelm von Humboldt*, der in seiner Sprachtheorie auch in dieser Hinsicht noch für die Gegenwart gültige Normen aufgestellt hat. Die Eigentümlichkeit der Sprache besteht für ihn nämlich darin, daß die beiden einander entgegengesetzten Ansichten, nach denen die Sprache entweder der Seele fremd und von ihr unabhängig oder aber ihr zugehörend und von ihr abhängig sei, sich miteinander verbinden müssen[43]. Die Sprache knüpft nämlich „in immer wiederholten Acten die Welt mit dem Menschen zusammen“ und der „Mensch kann sie ebensowenig allein hervorbringen, als bloß von anderen empfangen“. Allein die Sprache vermag es, die Vorstellung in wirkliche Objektivität zu versetzen, „ohne darum der Subjectivität entzogen zu werden“[44].

Die eigentliche Zirkelstruktur der Sprache hat *Humboldt* mit folgenden Worten beschrieben: „Die Sprache ist gerade insofern Object und selbständig, als sie Subject und abhängig ist. Denn sie hat nirgends, auch in der Schrift nicht, eine bleibende Stätte, sondern muß immer im Denken aufs neue erzeugt werden und folglich ganz in das Subject übergehen; es liegt aber in dem Act dieser Erzeugung, sie gerade ebenso zum Object zu machen; sie erfährt auf diesem Wege jedesmal die ganze Einwirkung des Individuums ... Die Subjectivität der ganzen Menschheit wird aber wieder in sich zu etwas Objectiven.“ Nur mit und durch die Sprache ist es möglich, „daß die objective Wahrheit aus der ganzen Kraft der subjectiven Individualität hervorgeht“[45].

Der Ort, an dem sich der hermeneutische Zirkel der Sprache konkretisiert, ist die mitmenschliche Beziehung, denn „der Mensch versteht sich selber nur, indem er die Verstehbarkeit seiner Worte an anderen versuchend geprüft hat“. Dieser Vorgang wird ständig in Gang gehalten durch das „Verlangen nach Vervollständigung durch die anderen“, das *Humboldt* als eine triebhafte Naturgegebenheit des Menschen ansieht. „Nichts überhaupt reizt den Menschen so an, als Fremdartigkeit, in der er doch tiefer verschlossene Übereinstimmung ahndet.“ So knüpft sich an jeden gewagten Versuch ein neuer, die Sprache „ist etwas beständig und in jedem Augenblick Vorübergehendes ... kein Werk (ergon), sondern eine Thätigkeit (energeia)“[46].

---

[43] Humboldt, Über die Verschiedenheiten des menschlichen Sprachbaues, Werke, Bd. III, Schriften zur Sprachphilosophie, S. 225.

[44] Ebd., S. 428, S. 28 u. 195.

[45] Ebd., S. 226 u. 20.

[46] Ebd., S. 196, 429, 252, 139, 418.

In deutlichem Gegensatz zu der Vorstellung von der Sprache als reiner Information sieht *Humboldt* gerade das als die Einheit und den „Odem eines Lebendigen“ in der Sprache an, daß „immer etwas unerkannt in ihr übrig bleibt“ ... „Keiner denkt bei dem Wort gerade das, was der andere, und die noch so kleine Verschiedenheit zittert, wenn man die Sprache mit dem beweglichsten aller Elemente vergleichen will, durch die ganze Sprache fort ... Alles Verstehen ist daher immer zugleich ein Nicht-Verstehen.“ Jedes Wort fügt dem Begriff „bedeutend von dem Seinigen hinzu“. Es tut deshalb sehr viel mehr, als sich nur mitzuteilen, „es schickt die Seele an, auch das noch nicht Gehörte leichter zu verstehen, macht längst Gehörtes, aber damals halb oder nicht Verstandenes, indem die Gleichartigkeit mit dem eben Vernommenen der seitdem schärfer gewordenen Kraft plötzlich einleuchtet, klar, und schafft den Drang und das Vermögen, aus dem Gehörten immer mehr und schneller in das Verständnis hinüberzuziehen“. Das Sprechen miteinander ist also „nur ein gegenseitiges Wecken des Vermögens des Hörenden“ [47].

Demgegenüber stellt sich in der Sicht amerikanischer Sprachtheoretiker der Gegenwart die Sprachauffassung von *Aristoteles* bis *Wilhelm Wundt* als eine einheitliche Epoche dar, die als „Sprachtheorie der Tradition“ bezeichnet wird und dadurch bestimmt ist, daß in diesem Zeitraum die Sprache mehr oder weniger ausschließlich als „ein Instrument zur Übermittlung von Gedanken und von Erkenntnis (Information)“ [48] verstanden worden sei. Diese Tendenz des Sprachverständnisses, die einen deutlich objektivierenden Zug in sich trägt, dürfte ihren Höhepunkt und zugleich Endpunkt erreicht haben in der Auffassung von der Sprache, wie sie *Ludwig Wittgenstein* in seinem „Tractatus logico-philosophicus“ in der Zeit vor dem Ersten Weltkrieg bis 1918 niederschrieb und 1921 zum ersten Male veröffentlichte [49]. Entsprechend seiner darin zum Ausdruck gebrachten Grundauffassung „Die Welt ist alles, was der Fall ist“, die alles, was der Fall ist, von der Gesamtheit der Tatsachen bestimmt sein läßt, die sich aus „Sachverhalten“ zusammensetzt, heißt für ihn sprachliches Verstehen „wissen, was der Fall ist“, wenn ein Satz wahr ist [50]. Wie *Karl Otto Apel* gezeigt hat, steht Wittgenstein also ganz in der traditionellen Sprachtheorie, die die „logistische Konstruktion einer philosophischen Präzisionssprache“ anstrebt. Ihm schwebt eine Zeichensprache vor, „die der logischen Grammatik“ gehorcht, d.h. „das Resultat

[47] Ebd., S. 421, 221, 228 u. 220.
[48] Wein, Sprachphilosophie der Gegenwart, S. 36.
[49] Wittgenstein, Schriften, S. 8.
[50] Satz 1; 1.12; 2; 4.024.

der Philosophie sind nicht philosophische Sätze, sondern das Klarwerden von Sätzen". Da der Satz den Sinn mitteilen kann, kann *Wittgenstein* den Sinn praktisch mit dem Informationsgehalt gleichsetzen und reduziert damit das Problem des Verstehens auf „die logische Interpretation von Information über Tatsachen"[51].

Mit deutlichem Affekt wendet er sich gegen jedes psychologische Verstehen, denn „das denkende, vorstellende Subjekt gibt es nicht ... Das Subjekt gehört nicht zur Welt, sondern es ist eine Grenze der Welt"[52]. Er identifiziert damit in einer radikalen Transzendentierung „das metaphysische Subjekt als Grenze der Welt mit dem logischen Subjekt der Sprache überhaupt". Damit kommt es zu der Unterscheidung von dem, was sich sagen läßt, und dem, was unsagbar ist, die in ihrer Auswirkung auf die Philosophie die Möglichkeit ergibt, nicht nur im Begriffspaar richtig und falsch zu denken, sondern die meisten Sätze und Fragen der Philosophie als unsinnig zu erklären und damit einen kritischen Impuls „gegen den Sinnanspruch des Textes selbst" zu richten[53]. Damit wird ein Unsinnigkeitsverdacht ausgesprochen, der lange die positivistischen Wissenschaften beherrscht hat, und in der Psychiatrie vor Freud verheerende Folgen gezeigt hatte.

Mit dieser Logisierung der Sprache ist ein Weg beschritten, den *Wittgenstein* später selber aufgegeben hat und der zur immer stärkeren Verwandlung der Sprache in Information einerseits führt und andererseits im strengen Sinne des Wortes als Objektivieren bezeichnet werden muß. Da es offensichtlich vor allem in der gegenwärtigen Theologie recht verschiedene Vorstellungen darüber gibt, was Objektivieren eigentlich ist, möchten wir hier eine Definition von Heisenberg benützen, die zu hilfreicher Klarheit führen kann und an die wir uns im folgenden zu halten gedenken. *Werner Heisenberg* schreibt: „Wir objektivieren eine Aussage, wenn wir behaupten, daß ihr Inhalt nicht von den Bedingungen abhängt, unter denen sie verifiziert werden kann."[54]

Mit dieser Definition ist der Punkt angedeutet, an dem die moderne Entwicklung den Ansätzen des frühen Wittgenstein nicht mehr folgen

---

[51] Apel, Wittgenstein und das Problem des hermeneutischen Verstehens, in: ZThK 63, 1966, H. 1, S. 51, 52 u. 61; unter Berufung auf Tractatus 3.325; 4.112; 4.027.

[52] Wittgenstein, Schriften, 5.631; 5.632.

[53] Apel, a.a.O., Anm. 51, S. 57, vgl. Wittgenstein, Schriften, 4.003.

[54] Heisenberg, Physik und Philosophie, S. 61. Whorf macht dasselbe am Zeitverständnis deutlich. Wenn unsere Sprache keinen Unterschied macht „zwischen Zahlen, die bestimmte Dinge zählen" (in der deutschen Übersetzung steht hier fälschlich „diskrete Dinge"!) „und die nur sich selber zählen (wie im fundamentalen Bewußtsein des ‚Später-und-später-Werdens'), dann objektivieren wir" (Whorf, Sprache, Denken, Wirklichkeit, S. 80).

kann. Die Impulse zu einer Neubesinnung gehen sehr wesentlich von der modernen Physik aus. So neigt der Physiker und Philosoph *Carl Friedrich von Weizsäcker* dazu, auf die Frage, ob sich die Sprache auf *Information* im Sinne von Wittgenstein reduzieren lasse, mit Nein zu antworten[55]. Eine Sprache, die auf ihren Gehalt an Information erzogen ist, wird zum Telegrammstil, den *von Weizsäcker* als den „Parademarsch eines Drills" bezeichnet, und ist nur möglich „auf den Hintergrund einer Sprache, die nicht in eindeutige Information verwandelt ist"[56].

Vor allem die damit gegebenen Objektivierungstendenzen werden von den modernen Naturwissenschaftlern abgelehnt, und die Annahme, „daß wir die Welt beschreiben können, ohne von uns selber zu sprechen"[57], als Illusion enthüllt. Es werden damit von der modernen Physik Positionen erschüttert, die vor allem im Zuge der historisierenden und psychologisierenden Hermeneutik des 18. und 19. Jahrhunderts bezogen worden waren. Freilich haben große Geister des vorigen Jahrhunderts die Vorstellung von der objektivierenden Funktion der Sprache in Vorwegnahme heutiger Erkenntnisse bereits in Frage gestellt. So hatte bereits *Joh. Gustav Droysen* festgestellt, daß in der Sprache sich eigentlich das Gegenteil eines Objektivierungsvorganges ereignet: „In der Sprache subjektiviert der Geist die Welt." Jeder Verstehens- und Interpretationsvorgang fügt also dem Text etwas zu, was vorher nicht da war. Die sogenannte Objektivität erweist sich also als Illusion und erscheint auch überhaupt nicht wünschenswert. *Droysen* kann sagen: „Ich danke für diese Art eunuchischer Objektivität."[58]

Die Entwicklung der neueren Sprachtheorien hat also gegen den frühen *Wittgenstein Humboldt* recht gegeben, denn die einzelnen Teile seiner oben skizzierten Auffassungen finden sich wieder bei modernen Sprachforschern. Bei *Klaas Heeroma* lesen wir, daß in allen Texten von einiger Bedeutung „ein Element von Hyperphasie" stecke und daß Überlieferung und Auslegung an einem Text mitschaffen und ihn zu etwas anderem machen, als er ursprünglich gewesen ist[59]. Am schwersten wiegen aber doch wohl Heisenbergs Feststellungen, daß man in der neueren Physik auch auf die Hoffnung verzichten muß, eine rein informative Präzisionssprache zu konstruieren. Sein Begriff „Wahrscheinlichkeitsfunktion" vereinigt objektive und subjektive Elemente, und die Beobachtung ist es, die

---

[55] C. F. v. Weizsäcker, Sprache als Information, S. 49.
[56] Ebd., S. 53 u. 38.
[57] Heisenberg, Physik und Philosophie, S. 38.
[58] Droysen, Historik, S. 234, 225, 287.
[59] Heeroma, Der Mensch in seiner Sprache, S. 75.

die Wahrscheinlichkeitsfunktion unstetig ändert, weshalb die Quantentheorie keine völlig objektivierte Beschreibung der Natur mehr zuläßt. Folgerichtig wird das Ideal der Objektivität, das früher als die Grundlage für alle Naturwissenschaften galt, auch auf diesem Gebiet preisgegeben. *Heisenberg* konstatiert schließlich, „daß der Begriff der Komplementarität, der von *Niels Bohr* in die Deutung der Quantentheorie eingeführt worden ist, die Physiker dazu ermutigt hat, lieber eine zweideutige, als eine eindeutige Sprache zu benutzen" [60].

So haben sich denn die Hoffnungen auf ein absolutes Exaktheitsideal, das aus einer ewig und überall gleichen menschlichen Natur abzuleiten wäre, nicht erfüllt. Im Gegenteil: das „wissenschaftliche Denken" hat eine Menge verschiedener Dialekte oder Fachsprachen entwickelt. Diese Fachsprachen werden sich heute gegenseitig unverständlich. *Wittgenstein* trägt diesem Tatbestand in seinen Philosophischen Untersuchungen, also seinem Spätwerk, mit dem Terminus „Sprachspiel" Rechnung. Für unseren Zusammenhang scheinen zwei Züge dieses eigenartigen Ausdrucks wichtig zu sein:

1. Mit dem Terminus „Spiel" ist, wie *Wittgenstein* sagt, „der Umfang des Begriffes nicht durch eine Grenze abgeschlossen". „Der Begriff ‚Spiel' ist ein Begriff mit verschwommenen Rändern", aber „ist das Unscharfe, nicht oft gerade das, was wir brauchen?" [61] Damit ändert sich die Grundhaltung der Sprache gegenüber. Von einer Haltung, die die Information anstrebt, geht es zu einer Haltung, bei der die Hermeneutik im Vordergrund steht. Das Sprachspiel hebt nämlich die Untersuchung auf eine Ebene, auf der „wir nichts Neues mit ihr lernen wollen. Wir wollen etwas verstehen, was schon offenbar vor unseren Augen liegt". Damit wird das Wesen der Sprache „etwas, was unter der Oberfläche liegt ..., was im Inneren liegt ..., was eine Analyse hervorgraben soll". Es geht um die Entdeckung der „Tiefe", um eine „Tiefengrammatik" [62], um einen Kampf gegen die „Verhexung unseres Verstandes durch die Mittel unserer Sprache" [63]. Die Mittel solcher Therapie [64] („Der Philosoph behandelt die Frage wie eine Krankheit" [65]) lauten: „Wir führen die Wörter von ihrer metaphysischen wieder auf ihre alltägliche Verwendung zurück." [66] Damit wird der Gebrauch der Worte wieder mit außersprachlichen Tätigkeiten verwoben, und das Wort Sprachspiel soll hervorheben, daß das Sprechen

---

[60] Heisenberg, Physik und Philosophie, S. 36 f., 85, 145, 150.
[61] Wittgenstein, Schriften, S. 325 f. (§ 68 u. § 71).
[62] Ebd., S. 336, 338, 343, 479, (§ 89, § 92, § 111, § 664).
[63] Ebd., S. 342 (§ 109).
[64] Ebd., S. 347 (§ 133).
[65] Ebd., S. 393 (§ 255).
[66] Ebd., S. 343 (§ 116).

der Sprache „ein Teil ist einer Tätigkeit oder einer Lebensform“ [67]. Die Sprachspiele sind, wie es *Apel* ausgedrückt hat, „Modelleinheiten von Sprachgebrauch, Lebensform und Welterschließung“ [68].

2. Damit ist aber ein Zweites gegeben: „Die Übereinstimmung, die in der Sprache besteht, und die ein Verstehen ermöglichen soll, ist nicht eine Übereinstimmung im Wesen der Menschen oder eine Übereinstimmung der Meinungen, sondern eine Übereinstimmung der Lebensform.“ [69]. Alles Verstehen von Sinn setzt die Teilnahme an dem Sprachspiel voraus. Dies heißt, daß die Sprache immer nur für die Teilnehmer an einem bestimmten Sprachspiel, von denen es unzählig viele gibt, verständlich sein kann, daß das Verstehen mit einem Tun, mit „Tätigkeiten“ verwoben wird. Die Aufstellung der Spielregel handhabt *Wittgenstein* außerordentlich locker, beinahe relativierend: Es gibt für ihn auch den Fall, wo wir spielen und „make up the rules as we go along“ [70], die Regel ist nur ein Wegweiser, aber der Regel folgen ist eine Praxis, hat mit „Gepflogenheiten“ zu tun [71], und die gemeinsame menschliche Handlungsweise ist „das Bezugssystem, mittels welchem wir uns eine Sprache deuten“ [72]. In diesem Sinne kann man, auch im Falle „des Erzählens einer erlebten oder einer überlieferten Geschichte ..., der Auslegung eines alten Textes ..., der Predigt, Vorlesung, Schulunterricht usw.“ von hermeneutischen Sprachspielen sprechen [73].

Das Verstehen innerhalb solcher Sprachspiele erfolgt aber nicht nur auf Grund der gleichen Menschennatur, sondern es gründet in der Zugehörigkeit. „Das Verstehen hört auf, wenn die Zugehörigkeit endet.“ [74] *Benjamin Whorf* hat in das sprachliche Verstehen den Begriff der „Matrix von Relationen“ eingeführt und mit dem Satz „Der Rapport konstituiert das wirkliche Wesen des Gedankens, soweit er sprachlich ist“ [75] der Beziehungswirklichkeit der Sprache überzeugenden Ausdruck verliehen und den Satz *Jean Paul Sartres* bestätigt: „Das Problem der Sprache ist dem der Liebe parallel.“ [76] So wird man auch *Heeroma* zustimmen können, der feststellt, daß die volle Wahrheit der Sprache vom Menschen vor allem in der innerlichen Sprache seiner Gedanken erlebt wird, daß es aber immer

[67] Ebd., S. 300 (§ 23).
[68] Apel, a.a.O. (Anm. 51), S. 76.
[69] Wittgenstein, Schriften, S. 389 (§ 241).
[70] Wittgenstein, Schriften, S. 333 (§ 83).
[71] Ebd., S. 381 (§ 199).
[72] Ebd., S. 383 (§ 206).
[73] Apel, a.a.O. (Anm. 51), S. 79.
[74] Jünger, in: Die Sprache, S. 58 u. 61.
[75] Whorf, Sprache, Denken, Wirklichkeit, S. 112 f.
[76] Sartre, Das Sein und das Nichts, S. 278.

bestimmte Vertrauens- und Glaubensgemeinschaften sind, die ihm Garantien für seinen Glauben geben: Familienkreis, Freundeskreis, Kirche. Auch in ihnen kann die Sprache immer wieder als echte Wahrheit in Funktion treten [77].

Zusammenfassend kann gesagt werden:

Die Metalinguistiker der neueren Zeit haben eine dualistische Sprachtheorie entwickelt: Neben der auf Information ausgerichteten traditionellen Sprachtheorie wurde „eine nicht kognitive Art von Sprachfunktion und Sprachsinn anerkannt, d. h. eine solche, die von keinem Begriffs- und Erkenntniselement abhängig sei" [78]. Dieser Aufgabe wird man gerecht, indem man in der Wissenschaft die Begrenztheit der verschiedenen „Sprachspiele" anerkennt, nach deren Wahrheitsgehalt in der Sprache der Dichter forscht. Das heißt aber im einzelnen:

1. *Werner Heisenberg* hat gezeigt, daß es in der Physik eine präzise Sprache, in der man die normalen logischen Schlußverfahren benutzen könnte, nicht mehr gibt. Die moderne Entwicklung hat den aristotelischen Satz vom Widerspruch mit der Devise „tertium non datur" überholt. Zwischen richtig und falsch gibt es eine ganze Skala von Aussagen, die einen relativen „Wahrheitswert" (*von Weizsäcker*) besitzen. Am wichtigsten ist es jedoch, sich immer wieder zu vergegenwärtigen, daß jedes Wort oder jeder Begriff nur einen begrenzten Anwendungsbereich besitzt. Da wir aber niemals ganz genau wissen, wo die Grenzen ihrer Anwendbarkeit liegen, „wird es niemals möglich sein, durch rationales Denken allein zu einer absoluten Wahrheit zu kommen" [79]. Damit würde ein Beharren auf der Forderung nach völliger logischer Klarheit die Wissenschaft unmöglich machen.

2. In dem Maße, in dem eine eindeutige logische Wahrheit für die Wissenschaft unmöglich wird, rückt das Interesse am Wahrheitsgehalt des Dichterwortes in den Vordergrund. Ihr ist der bereits genannte Sprachforscher *K. Heeroma* nachgegangen. Er zeigt, „daß die Sprache nicht mehr wahr sein kann für die Wissenschaft und die Wissenschaft nicht mehr für die Sprache" [80]. In der Wissenschaft hat die Richtigkeit die Stelle der Wahrheit eingenommen, während der Dichter etwas sagt, was nur in der

---

77 Heeroma, Der Mensch in seiner Sprache, S. 110.
78 Wein, Sprachphilosophie der Gegenwart, S. 36.
79 Ebd., S. 71, 151, 65.
80 Heeroma, Der Mensch in seiner Sprache, S. 110.

Sprache wahr ist. Er gibt Mitteilungen, die der Prüfung des kontrollierenden Nachdenkens nicht standhalten können. Warum tut er das? Weil das Dichterwort nicht Information weitergeben will, sondern weil es Assoziationen hervorrufen will. Das Wahrheitskriterium liegt also nicht in „objektiven Tatbeständen", sondern Glaubwürdigkeit und Unglaubwürdigkeit kommen allein aus dem Hören. „Der Mensch erlebt seine Wahrheit und seine Unwahrheit in der Sprache, der Mensch erlebt seine Sprache im Ohr." [81] So ist es dem hörenden Ohr gegeben, ob die Sprache wahr ist, ob sie stimmt, ob man sie sich einfach nicht anders vorstellen kann. Wenn sprachliche Erzeugnisse überzeugend bleiben bei andauernder Wiederholung, dann sind sie von der wahren Sprache gesprochen, und das von sich selber her sprechende Wort „gewinnt sogar durch die Übertragung von Mund zu Mund, von Geschlecht zu Geschlecht an Überzeugungskraft. Der Mensch spricht immer mit eigener Stimme nach, was die Sprache ihm mit ihrer Stimme vorsprach" [82].

3. Von den verschiedensten Blickpunkten aus haben wir die Wandlungen im Sprachdenken unserer Zeit ins Auge gefaßt. Wir stellten fest: Einem deutlichen Zug zum Objektivieren und zur Information gegenüber, wie er vor allem in der Neuzeit zur Auswirkung kam, sieht man heute stärker die Zirkelstruktur der Sprache, die Objekt und Subjekt zusammenschließt im immer neuen Ereignis und sich von dem Exaktheitsideal früherer Zeiten löst. Glaubte man lange, die Sprache bilde die Wirklichkeit nur ab, die sich in nichtsprachlichen Räumen befindet, so tritt heute eindeutig hervor, daß die Sprache die Wirklichkeit strukturiert, ja, daß der Mensch nur in der Sprache mit ihr in Verbindung ist. Hatte man früher die Sprache wesentlich als Ausdruck des menschlichen Inneren angesehen, so tritt heute immer stärker zutage, daß der Mensch der Sprache gegenüber auch ein Empfangender ist. Glaubte man früher, die Verstehbarkeit der Sprache mit der stets gleichen und unwandelbaren Menschennatur klären zu können, so weiß man heute, wie stark das Verstehen eine Funktion der Beziehung und der Gemeinschaft und damit der Gesellschaft ist. Konnte man sich früher der Sicherheit hingeben, daß die Sprachentwicklung eine stete Vorwärts- und Aufwärtsentwicklung darstellt, so wendet man heute die Aufmerksamkeit gerade jenen Bereichen zu, die, gemessen an der früheren Entwicklungsidee, eigentlich vergangen und überwunden sein müßten.

---

[81] Ebd., S. 116.
[82] Ebd., S. 118.

4. Heilung als Sprachgeschehen

Im Bereich der als Verkündigung verstandenen Seelsorge besteht eine geradezu verblüffende Einmütigkeit darüber, daß in ihr der Mensch grundsätzlich anders verstanden werden müsse, „als es im Rahmen innerweltlicher Fragestellungen möglich" sei[83]. Der modernen anthropologisch orientierten Medizin wird es deshalb auch heute noch von vielen Theologen bestritten, daß sie mit ihrer „objektivierenden" Methodik die Ganzheit und Wirklichkeit des Menschen überhaupt erfassen könne, oder da, wo die innerwissenschaftliche Weiterbildung der säkularen Anthropologie zur Kenntnis genommen wird, wird diese Neubesinnung als „Grenzüberschreitung" zurückgewiesen, um nur ja der Theologie die Auslegung des „wahren" Menschen im Bewußtsein prinzipieller Exklusivität vorzubehalten, die „letzte" und „echte" Heilungskraft der Seelsorge allen vorläufigen und peripheren Bemühungen der Psychotherapie gegenüber ins Spiel zu bringen[84]. *Dietrich Rössler* macht diese verhängnisvolle Einstellung für den oft beklagten Wirklichkeitsverlust heutiger Seelsorge verantwortlich[85].

Wenn nun heute, wie es etwa *Thomas Bonhoeffer* in seiner Zürcher Antrittsvorlesung getan hat[86], das Wort als der Konvergenzpunkt von Theologie und Psychologie bezeichnet wird, werden wir uns auf einen ähnlichen Einwand gefaßt machen müssen. Ist nicht, so wird man sagen, das Wort, von dem in der Theologie die Rede ist, stets als Wort Gottes qualifiziert, das als eine objektive Größe den Menschen von außen als das ganz andere trifft, während das Wort in der Psychotherapie als eine Rede und Gegenrede von Menschen durchaus in der Sphäre der Subjektivität verbleibt?

Es soll versucht werden, im folgenden diesen Einwand zu entkräften, indem an Hand eines Beispiels auf die zentrale Bedeutung aufmerksam gemacht wird, die dem Sprachgeschehen sowohl im theologischen wie im tiefenpsychologischen Denken zukommen sollte und welche überraschende Parallelen sich von hier aus ergeben.

Es bleibt verwunderlich, daß der Zusammenhang zwischen Heilung und Sprache bisher so wenig Aufmerksamkeit erfahren hat, da doch der gesamte biblische Sprachgebrauch dem Wort die schlechterdings entscheidende heilende Funktion zumißt. Wenn es in Ps 107,20 heißt: „Da sandte er sein Wort, daß es sie heile, und rettete aus der Grube ihr Leben" oder

---

[83] Rössler, Der „ganze" Mensch, S. 50.

[84] Ebd., S. 94 f.

[85] Ebd., S. 96.

[86] Neue Zürcher Zeitung vom 17. Dezember 1967, Blatt 6.

in der Weisheit Salomons: „Denn es heilte sie weder Kraut noch Pflaster, sondern dein Wort, Herr, welches alles heilt" (16,12), so spiegelt sich diese Vorstellungswelt in der johanneischen Verkündigung, die in der Verbindung von Logos und Leben die heilende Bedeutung des Logos Gottes in den Mittelpunkt stellt (Joh 1,4; 5,26; 1.Joh 1,1 ff.)[87]. Auch die synoptischen Heilungsberichte versuchen in Abgrenzung gegen heidnischen Zauber oder eine die einzelnen möglichen Methoden schildernde Bildhaftigkeit, wie wir sie etwa bei *Plato* finden, die wesentlich im Wort sich vollziehende Heilungsart Jesu in den Vordergrund zu stellen (Mk 1, 25.27; 4,1; Mk 2,10f.; 5,41; 7,34; Mt 8,9.13)[88].

Der Sinnzusammenhang zwischen Wort und Heilung muß aber bereits sehr früh verlorengegangen sein, so daß die biblischen Heilungsberichte über Jahrhunderte hin bis in unsere Tage eine Quelle der stets neuen Verlegenheit für die Ausleger wurden, obwohl es nicht an ständig neuen Versuchen gefehlt hat, diesen Sinnzusammenhang wieder herzustellen. Deshalb soll einer dieser Versuche aufgegriffen werden, der durch eine Gestalt des 19. Jahrhunderts erfolgte, von der wir also noch nicht durch einen langen geschichtlichen Weg getrennt sind: Es ist der schwäbische Pfarrer *Johann Christoph Blumhardt.*

Fünfzig Jahre, bevor *Freud* begann, Krankengeschichten zu schreiben, die sich zu seinem eigenen Verwundern wie Novellen lasen, hatte *Blumhardt* die Krankengeschichte der *Gottliebin Dittus* niedergeschrieben, die geradezu ein sensationeller Bestseller wurde. Ursprünglich als vertraulicher Bericht an die Kirchenbehörde verfaßt, gelangte er durch eine Indiskretion an die Öffentlichkeit und wurde in kürzester Frist in Hunderten von zum Teil wesentlich veränderten Abschriften verbreitet, so daß sich *Blumhardt* gezwungen sah, seinen authentischen Bericht in einer begrenzten Anzahl von Exemplaren zu vervielfältigen. Es ist jedoch dem Originaltext bis auf den heutigen Tag noch nicht gelungen, die Fülle der umlaufenden sensationell aufgemachten Versionen völlig zu verdrängen[89].

Gottliebin Dittus war ein bei Beginn der Betreuung durch *Blumhardt* achtundzwanzig Jahre altes Mädchen, das eine offensichtlich hochbegabte Mutter hatte; die Eltern waren früh gestorben und hatten fünf Kinder in kümmerlichen wirtschaftlichen Verhältnissen zurückgelassen. Seit ihrer Kindheit wußte sich die *Gottliebin* auf irgendeine Art zur Hauptperson der im Volke im Schwange gehenden Zauberei zu machen[90]. Sie litt an

[87] Vgl. Hempel, Heilung als Symbol und Wirklichkeit, S. 287 u. 305.
[88] Ebd., S. 311 u. Theol. Wörterb. z. NT, Bd. III, S. 210.
[89] Blumhardt, Die Krankheitsgeschichte der Gottliebin Dittus.
[90] Zündel, Johann Christoph Blumhardt, S. 107.

zahlreichen Krankheiten, die vor allem mit dem Unterleib zu tun hatten, und stand deshalb in ständiger ärztlicher Behandlung. Sie war der erklärte Liebling von *Blumhardts* Amtsvorgänger in Möttlingen, Pfarrer Dr. Barth, gewesen und der unbestrittene Mittelpunkt der von diesem eingerichteten Spinnabende für junge Leute. Diese Stellung verlor sie mit dem Amtswechsel, denn *Blumhardt* fand sie ausgesprochen unsympathisch, und *Gottliebin* ging es nicht anders, denn sie hatte bei seiner Antrittspredigt den lebhaften Wunsch, *Blumhardt* die Augen auszukratzen[91]. Sie kam zwar ins Pfarrhaus mit dem durchaus ungewöhnlichen Anliegen, aus freien Stücken etwas aus ihrer Vergangenheit zu bekennen, aber das Verhältnis blieb kühl[92]. Seitens der *Gottliebin* war es bestimmt von einer ausgesprochenen Ambivalenz. Einerseits war sie überall zu finden, wo *Blumhardt* sprach, auch im Filialdorf, andererseits legte sie eine gedrückte Schüchternheit und abwehrende Verschlossenheit an den Tag, hinter der *Blumhardt* ein übersteigertes Selbstbewußtsein vermutete. *Blumhardt* wurde jedoch gezwungen, sich näher mit ihr zu befassen, als es anfing, in dem Hause, in dem sie wohnte, zu spuken. Es wurden vor allem immer wieder Poltergeräusche gehört, denen *Blumhardt* nach einer Untersuchung mit dem Schultheißen ein Ende zu bereiten sucht, indem er die Familie kurzerhand evakuiert. Nun erkrankt die *Gottliebin* aber an Krämpfen, die alle Anzeichen dessen wahrnehmen lassen, was man wenig später als „grand Hysterie" zu bezeichnen pflegte, den damaligen behandelnden Arzt aber völlig ratlos ließ. Er ist es denn auch, der *Blumhardt* zu einer noch stärkeren Bemühung um die Kranke veranlaßt, als er sagt: „Man sollte meinen, es sei gar kein Seelsorger am Orte, daß man die Kranke so liegen läßt, das ist nichts Natürliches."[93] *Blumhardt* besucht die Kranke nun öfter und wird Zeuge ihrer Krämpfe und Konvulsionen. Bei einem dieser Besuche folgt er einem plötzlichen Impuls, springt an das Krankenbett, faßt die starrkrampfigen Hände der *Gottliebin*, ruft ihren Namen und sagt: „Lege die Hände zusammen und bete: Herr Jesu, hilf mir, wir haben lange genug gesehen, was der Teufel thut, nun wollen wir auch sehen, was der Herr Jesus vermag."[94] Damit beginnt aber erst der eigentliche Kampf.

Was hat *Blumhardt* mit diesen Worten getan? Er hat den Krankheitserscheinungen eine bestimmte Deutung gegeben, die die Kranke selbst zunächst von der Verantwortung entlastete. Es waren ja der Teufel und die Dämonen, die in ihr wirkten, und so konnte sie diesen Mächten die Möglichkeit geben, sich zu artikulieren, in Sprache umgesetzt zu werden.

---

[91] Ebd. [92] Ebd., S. 108. [93] Ebd., S. 113. [94] Ebd., S. 114.

Für *Blumhardt* war die Entscheidung, die er in diesen Tagen zu fällen hatte, diese: Sollte er sich nicht vielleicht doch auf irgendwelche Praktiken der Sympathie oder Beschwörung einlassen oder sollte er allein beim Wort bleiben? Er hat sich für den letzten Weg entschieden und so den ganzen zweijährigen Kampf durchgestanden. Dabei ist folgendes charakteristisch: *Blumhardt* war in einer theologischen Tradition erzogen worden, in der Seelsorge in nichts anderem als in Belehrung und Tröstung bestehen konnte. Die Sprache wurde ausschließlich in diesem autoritären Gefälle als Information über Glaubenswahrheiten eingesetzt. Und genauso verfährt *Blumhardt* zunächst. Er versucht frontal gegen das Krankheitsgeschehen anzugehen, indem er etwa *Gottliebin* die Hand auflegt und zwölfmal hintereinander spricht: Der Herr Jesus helfe dir; der Herr Jesus bewahre deinen Leib und deine Seele[95]. Oder er wiederholt ähnliche doch wohl suggestiv wirkende Formeln. Zu einer entscheidenden Wende, die ihn diesen instrumentalen Einsatz der Sprache und des Wortes aufgeben läßt, kommt es, als die *Gottliebin* sich so mit Dämonen, von denen sie besessen zu sein scheint, identifiziert, daß es aus ihr spricht. Hier nun entschließt sich *Blumhardt* nach reiflicher Überlegung zu dem für die damaligen Seelsorgepraktiken ungewöhnlichen Schritt, „in ein maßvollst gehaltenes Gespräch“[96] einzutreten. Damit verändert sich die Situation aber entscheidend, weil all das, was die *Gottliebin* quält und umtreibt, seinen sprachlichen Ausdruck zu finden vermag und von *Blumhardt* deutend aufgenommen wird. Fünfzig Jahre, bevor Freud seine Wirksamkeit entfaltete, sehen wir hier also bereits den Urtypus des psychotherapeutischen Gesprächs andeutungsweise verwirklicht. Es erstaunt deshalb auch gar nicht, daß die großen Themen, die sich nun artikulieren und zur Sprache kommen, die gleichen Themen sind, wie sie jedem Psychotherapeuten wohlbekannt sind. Da ist mit Prävalenz das sexuelle Thema: Gottliebin vermag nun zu gestehen, daß sie jeden Mittwoch und Freitag bis zu starken Genitalblutungen von bösen Geistern „vergewaltigt“ wird[97]. Da ist die Unerlöstheit vom Schuldgefühl für die bösen Taten der Vergangenheit. Da ist das Motiv des Sado-Masochismus, daß die „Dämonen“ immer wieder aggressiv gegen *Blumhardt* oder andere zu werden drohen, daß sie voller Wollust von Erdbeben oder großen Bränden, wie dem in Hamburg, bei dem sie Augenzeugen gewesen seien, berichten und schließlich alles darauf abgestellt ist, die *Gottliebin* selber zu quälen bis hin zu äußerst demonstrativen Suizidversuchen. Besonders bemerkenswert ist die unruhevolle Suche der „Dämonen“, die die *Gottliebin* besessen halten,

---

[95] Seebass, Johann Christoph Blumhardt, S. 25.

[96] Zündel, Joh. Chr. Blumhardt, S. 118.

[97] Ebd., S. 123.

nach einer gesicherten Objektbeziehung, denn wiederholt bitten sie *Blumhardt*, ob sie nicht einen Ruheplatz in seinem Hause finden dürften[98]. So ist es denn sicher nicht von ungefähr, daß die endgültige Heilung der *Gottliebin* dadurch besiegelt wird, daß sie an Kindes Statt in die Familie *Blumhardts* aufgenommen wurde und sich zur unentbehrlichen rechten Hand in *Blumhardts* fernerem Wirken entwickelte, was den Psychiater *Viktor v. Weizsäcker* zu der Bemerkung veranlaßte, der eigentliche Sieger von *Blumhardts* Kampf sei die *Gottliebin* gewesen. Die Formel, die für *Blumhardt* den ganzen Geister- und Dämonenspuk mit einem Schlage verschwinden ließ und — psychologisch gesprochen — die Kräfte der Ich-Integration zu mobilisieren vermochte, war der Ausruf „Jesus ist Sieger". Vielleicht könnte man diese Tatsache auch einmal als eine in der Tat ergreifende Auslegung der Formulierung von *C. G. Jung* heranziehen, die ihm immer wieder so verübelt wurde, Christus könne als ein Symbol des Selbst verstanden werden.

Blumhardt selbst hat nie im Traum daran gedacht, eine solche psychologische Deutung seiner Erlebnisse zu versuchen. Seine Sprache war die durchaus mythologische Sprache der Bibel, zu der er sich in einer naiven Gleichzeitigkeit verstand. Was er aus dieser Geistigkeit heraus getan hat, läßt sich jedoch ohne Schwierigkeit in einen für uns heute verstehbaren Sinnzusammenhang eingliedern, sobald man eine dafür geeignete Begrifflichkeit gefunden hat. *Rudolf Bultmann* hat bekanntlich für sein Entmythologisierungsprogramm die Begrifflichkeit der *Heidegger*schen Existentialphilosophie für besonders geeignet gehalten. Es ist aber überaus charakteristisch, daß diese Begrifflichkeit vor dem Phänomen *Blumhardt* versagen mußte. *Bultmann* konnte die *Blumhardt*schen Geschichten nur dem Unsinnigkeitsverdacht aussetzen oder mit einem ärgerlichen Affekt beiseite schieben. Er hat wiederholt betont, sie seien ihm ein Greuel.

Erst die Tiefenpsychologie stellt eine Begrifflichkeit bereit, die uns das Phänomen *Blumhardt* verstehen läßt. Dieses Verstehen läßt sich auf folgende Formeln bringen:

1. *Blumhardt* hat offensichtlich eine Form des sprachlichen Umgangs mit kranken Menschen entdeckt, die den instrumentalen Charakter der Sprache als reiner Suggestion, Belehrung oder Tröstung aufsprengt zur dialogischen Struktur echten Gesprächs.

2. Damit ist die Möglichkeit gegeben, ichfremd empfundenen unheimlichen Mächten im eigenen Inneren einen Namen beizulegen und ihnen zur Artikulation zu verhelfen.

---

[98] Ebd., S. 129, 130.

3. Die Krankheit rückt damit aus dem Bereich des reinen Verhängnisses in den Bereich des menschlich zu Verantwortenden, sobald die Dämonen entmachtet und durch die Gewalt des Jesu-Namens der Herrschaft des Ich unterworfen werden. *Blumhardt* dehnte diese Erfahrung mit der seelischen Erkrankung entschlossen auch auf alle körperlichen Krankheiten aus und konnte den Satz prägen: Ein Tropfen entschlossenen Widerstandes gegen die Krankheit sei ihm lieber als ein ganzes Meer von Ergebung. Er kann somit mit Recht als einer der Stammväter einer psychosomatischen Betrachtungsweise angesprochen werden.

4. Die Möglichkeiten der sprachlichen Kommunikation ließen für *Blumhardt* die Befreiung von der Vergangenheit zum Ereignis werden und die Freiheit zur Zukunft in einer sinnvollen und lebensfördernden Gemeinschaft der Liebe aufscheinen.

Die Umgestaltung der Beziehung zwischen Arzt und Patient, die *Sigmund Freud* vornahm, ist dem genau parallel. Sie zeigt sich am besten daran, daß die ersten tastenden Versuche, die sprachliche Kommunikation in die Heilkunde einzubeziehen, eigentlich ganz unsprachlich stattfanden: Unter Umgehung der Zirkelstruktur, die der Sprache und dem Gespräch eigentümlich ist, wurde mittels Hypnose das Bewußtsein des Patienten ausgeschaltet und die Geradlinigkeit von Anweisung und Befehl suggestiv direkt im Unbewußten durchgesetzt. *Freud* hatte diese Methode in Paris bei *Jean Martin Charcot* kennengelernt und entdeckte sehr früh ihre Unzulänglichkeit. Sie brachte dem Patienten nämlich keineswegs die Freiheit, sondern ersetzte die Dienstbarkeit unter die Autorität der Krankheit nur durch eine neue Dienstbarkeit unter die Autorität des Arztes. Die Heilung der Symptome hielt nur so lange an, wie der Arzt als eine Dauerinstitution in das Leben des Patienten einbezogen war, sei es, daß er in das Geflecht triebhafter Wünsche einbezogen wurde, sei es, daß er die Position der Über-Ich-Instanz einnahm. *Freuds* Kollege *Josef Breuer* zog sich wegen dieses betrüblichen Ergebnisses der Experimente mit der sogenannten kathartischen Methode aus dieser Forschungsarbeit völlig zurück. *Freud* jedoch gab an diesem Punkte nicht auf. Sein Ziel war es, seinen Patienten ein größtmögliches Stück an Freiheitsspielraum zur Verfügung zu stellen und ihnen damit die Arbeits- und Genußfähigkeit zurückzugeben. Er erkannte wohl als erster, daß der Mensch die Freiheit, die ihm in der Neuzeit zum Schicksal geworden war, nicht nur nach außen gegenüber Natur und sozialer Struktur durchsetzen müßte, sondern daß er sich diese Freiheit selber abtrotzen muß, indem er die Bewußtheit soweit wie möglich in den eigenen unbewußten Bereich voranzutreiben hat. *Freud* brachte dieses Bemühen auf die präzise und kurze Formel: Wo Es war, soll Ich werden — und wir können in seinem Sinne ergänzen: Auch wo Über-Ich war, soll Ich werden.

Mit tiefem Erstaunen entdeckte *Freud*, daß diese Freiheit dem Menschen gar nicht so selbstverständlich als ein erstrebenswertes Gut erscheint, wie man annehmen möchte. Seine psychoanalytischen Behandlungen spielten sich geradezu als Kampf zwischen Analytiker und Patienten ab, innerhalb deren der Patient seine Problematik agieren will, das heißt, dem Analytiker die Rolle einer befehlenden, Anweisung gebenden, autoritativen Persönlichkeit zuweisen möchte, während der Analytiker sie der denkenden Betrachtung unterziehen möchte. *Freud* sah es geradezu als die große Versuchung des Analytikers an, in diese Autoritätsrolle einzusteigen, den Patienten suggestiv zu beeinflussen, nach dem eigenen Bilde des Analytikers zu formen und „veredeln" zu wollen[99]. All diese Wünsche und Sehnsüchte mußten dem Patienten in der psychoanalytischen Behandlung versagt werden. Es gab nur eine Möglichkeit: sie zu verstehen und den Patienten durch Deutungen an diesem Verstehen teilnehmen zu lassen. Die ethische Entscheidung, die der Patient zu fällen hatte, wurde ihm nicht von der Autorität des Analytikers abgenommen, sondern die Deutung präsentierte ihm eine Art Vorverständnis, das der Analytiker mittels seiner Theorie fand und mit dem er dem Patienten noch nicht bewußte Zusammenhänge zu benennen wußte, die ihm damit zurückgegeben wurden zu einer verantwortlichen Entscheidung. Die Richtung, in der das Verstehen vorzudringen hatte, war eine zweifache: es mußte sich einerseits mit der individuellen Lebensgeschichte des Patienten auseinandersetzen. Der Patient mußte es lernen, sich zu dem zu bekennen, was er getan hatte, und sich selbst so zur Kenntnis nehmen, wie er wirklich war. Es konnte nicht von dem Idealbild ausgegangen werden, wie der Mensch sein sollte, sondern von der Wirklichkeit, wie er war. Zum andern galt es jedoch, das Verstehen in Richtung auf die Überlieferung hin auszuweiten. Der späte *Freud* mußte sich eingestehen, daß der Mensch in seinem Unbewußten auf irgendeine Weise am archaischen Erbe der Menschheit Anteil hat. Dadurch, daß man ihn nicht mehr mit der Überlieferung lehrend bekannt macht, ist er noch nicht von dieser einfach losgekettet, sondern er ist durch sein Unbewußtes an sie verhaftet[100]. Die im Traum und anderen Produktionen des Unbewußten auftauchenden Symbole waren daraufhin zu prüfen, wieweit sie für den gegenwärtigen Augenblick noch verpflichtende Kraft haben. *Freud* er-

[99] Freud/Pfister, Briefe, S. 126.

[100] Freud, Gesammelte Werke, Bd. XVI, S. 241.

reichte dies mit seiner Methode der Traumdeutung, die keineswegs darin bestand, symbolisch verschlüsselte Inhalte gleichsam mit dem Wörterbuch zu deuten, sondern sie zunächst einem vorläufigen Vorverständnis auszusetzen, das aus den Einfällen des Patienten und aus der Sphäre der Alltäglichkeit stammte. Das Vorverständnis der freien Einfälle zum Traum ebnete erst den Weg zur endgültigen Deutung, so daß Entscheidungen schließlich aus jener dialektischen Bewegung zwischen Überlieferung und persönlicher Eigentlichkeit erwachsen konnten. An die Stelle der hierarchischen Struktur von Anweisung und Gehorsam ist damit die dialogisch-zirkelhafte Struktur des Verstehens getreten.

Welches sind die Ergebnisse unserer Überlegungen für die Praxis der Gesprächsführung?

1. Im Gespräch hat keiner der beiden Partner die Führung. Rede und Gegenrede bewirken ein Fortschreiten des Gesprächs, ohne daß in ihm ein vorher festgelegtes Programm absolviert werden könnte. In diesem Vorgang besteht die partnerschaftliche Gegenseitigkeit des Gespräches.

2. Trotzdem besteht im zum Paradigma erhobenen psychotherapeutischen Gespräch eine gewisse Asymmetrie durch die Deutung, die der Psychotherapeut seinem Partner zu geben versucht. Diese Deutungen sind auf der einen Seite objektivierend und namengebend, auf der anderen Seite aber nichtobjektivierend, indem sie dem Patienten zur Verifizierung oder Falsifizierung mit der Absicht grundsätzlicher Wandlungsbereitschaft zurückgegeben werden.

3. In einem so verstandenen Gespräch vollzieht sich die Zustellung eines Stückes Freiheit nicht nur der Natur und der Herrschaft gegenüber, sondern sich selbst gegenüber.

4. Durch das Gespräch wird eine entscheidende Hilfe gegeben zur Einübung dieser Freiheit. Wenn es nämlich gelingt, im Gespräch Empfindungen und Gefühle in Worte zu verwandeln, bedeutet dies zweifellos einen Zuwachs an Freiheit gegenüber triebhafter Gebundenheit. Wenn in der geschlechtlichen Beziehung zwischen einem Mann und einer Frau Gespräch herrscht, steht diese Beziehung nicht in der Gefahr, in Bereiche abzugleiten, die von beiden Partnern nicht mehr verantwortet werden können. Verantwortlicher Umgang zwischen den Geschlechtern besteht vor allem in der Einübung des Gesprächs. Ebenso kann davon gesprochen werden, daß durch Gespräch aggressive Triebtendenzen gebändigt und auf vernünftige Formulierungen und konkrete Handlungen hin gewandelt werden können. Dies dürfte besonders an den Studentenunruhen in den Ostertagen 1968 zu beobachten gewesen sein. Wenn man pausenlos

miteinander diskutierte, fand man schließlich vernünftige und praktikable Möglichkeiten des Handelns, die sich nicht von hemmungsloser Aggressivität leiten und bestimmen ließen.

5. Damit kann das Gespräch als Fundstelle der ethischen Entscheidung bezeichnet werden. In ihm erschließen sich Möglichkeiten, an die keiner der beiden Partner vorher gedacht hatte. Es ist dies jedoch eine Erfahrung, die in jedem Beratungsgespräch gemacht werden kann. Es dürfte eine Schicksalsfrage für die Lebensäußerungen der Kirche sein, ob das Gespräch in ihr zum Strukturelement werden kann. Unser Vorschlag geht dahin, gerade hierin das seelsorgerliche Element kirchlichen Handelns zu sehen.

§ 2 Grundformen des Gesprächs

Literatur:

Ruth Bang, Hilfe zur Selbsthilfe. München/Basel 1960.

Otto Friedrich Bollnow, Sprache und Erziehung. Stuttgart 1966.

Werner Jäger, Paideia. 2 Bde. Berlin 2/41959.

Maria Kamphuis, Die persönliche Hilfe in der Sozialarbeit. Stuttgart 1968.

Erwin Metzke, Die abendländische Kultur des Gesprächs und ihr Verfall, in: Medicus Viator. Hrsg. v. Paul Christian u. Dietr. Rössler. Tübingen 1959.

Eberhard Müller, Die Kunst der Gesprächsführung. Hamburg 1954.

Martin Ohly, Verkündigung und Gespräch, in: Phantasie für Gott. Stuttgart/Berlin 1965.

These:

> Gespräch setzt die völlige Gleichberechtigung beider Partner voraus, die jedoch eine gewisse Rollenspezifizierung und Schwerpunktverschiebung zuläßt. Eine völlige Symmetrie der Rollenverteilung gibt es nur im freien Gespräch. Eine Rollenverschiebung nach der einen oder anderen Seite ergibt sich im Lehrgespräch, dessen Grenze da in Sicht kommt, wo es suggestiv zu wirken versucht, oder im Explorationsgespräch, das nur so lange Gespräch ist, als seine Ergebnisse nicht zu einer Diagnose verobjektiviert werden. Eine Kombination dieser beiden Möglichkeiten versucht die helfende Beziehung, wie sie in der modernen Sozialarbeit praktiziert wird. Das Seelsorgegespräch stellt nicht eine zu den übrigen hinzutretende Sonderform des Gesprächs dar, sondern bedient sich aller vier genannten Formen, wird sich aber mit Vorrang an der helfenden Beziehung orientieren, die sie im Verstehenshorizont dessen, was den Menschen unbedingt angeht, zu deuten sucht.

Wir haben versucht, die Grundlagen des Gesprächs an dem Vollzug der Sprache selbst deutlich zu machen. Als Kriterien für das, was unter Gespräch verstanden werden kann, ermittelten wir die Gleichberechtigung beider Partner, die zu einem nicht autoritären Umgang führen kann, das Zustellen und Einüben der Freiheit und die zirkelhafte Struktur des Hin- und Herschwingens von Sprache zwischen zwei oder mehreren Partnern. Wir stellen uns nun die Frage, welche Schwerpunktverlagerungen sich innerhalb dieses abgesteckten Rahmens ergeben könnten und wo die Grenzen dessen liegen, was wir noch als Gespräch bezeichnen können. Als Idealtypus des Gespräches fassen wir deshalb zunächst das ins Auge, was man als das freie Gespräch bezeichnen kann. Es ist absolut partnerschaftlich konzipiert. Es ist absolut symmetrisch in seiner Struktur. Es entzieht sich völlig der Manipulierbarkeit und ihm eignet so etwas wie ein Ereignischarakter. Trotzdem hat das freie Gespräch stets ein Ergebnis. Es ist jenes schwer zu beschreibende Empfinden der Befriedigung, das einen beim Betrachten eines Kunstwerkes befällt, wenn man den Eindruck hat, daß dieses Kunstwerk „stimmt". Die Grenze des freien Gespräches könnte deshalb da liegen, wo es zu einem solchen Befriedigungsgefühl nicht kommt, sondern wo das Gespräch zum absoluten Selbstzweck wird, es völlig ergebnislos wird und damit der Irrationalität ausgeliefert wird.

Mit der partnerschaftlichen Gleichberechtigung, die wir als konstitutiv für jedes Gespräch ansahen, scheint es nun aber durchaus vereinbar, daß sich der Schwerpunkt zwischen den beiden Partnern eines Gespräches verschieben kann. Dies ist zweifelsohne beim Lehrgespräch der Fall, das deshalb von vielen überhaupt nicht mehr als ein Gespräch im wahren Sinne des Wortes anerkannt wird[1]. So bestreitet *Otto Friedrich Bollnow* neben dem seelsorgerlichen und dem therapeutischen Gespräch auch dem Lehrgespräch den Charakter eines Gespräches im strengen Sinn, weil er meint, daß der Wille zu erziehen notwendigerweise die Gleichberechtigung aufheben müsse und in ihm gerade die Überlegenheit des einen, des erziehenden Teiles wichtig sei[2]. Es wird im folgenden zu zeigen sein, wie auch ein stärker lehrhaft bestimmtes Gespräch trotzdem partnerschaftlich unter Wahrung der Gleichberechtigung sich vollziehen kann. Nach unseren entwickelten Kriterien wäre die Grenze etwa da zu ziehen, wo das Lehrgespräch die Freiheit des Gegenübers nicht mehr respektiert und bewußt oder unbewußt suggestiv zu wirken versucht. Wir hatten gesehen, wie gerade das Aufgeben einer suggestiv wirkenden Psychotherapie die Möglichkeit freigibt zu einem Gespräch im wahren Sinne des Wortes.

Die Symmetrie im Gespräch kann sich auch nach der anderen Seite verschieben. Es erhält dann die Person des Gesprächspartners eine gewisse Betonung, sei es, daß dieser mit einem besonderen Anliegen oder einem Problem kommt oder daß es gilt, ihm das Verständnis seiner eigenen Situation zu erhellen. Ein solches Gespräch würde dann stärker

---

[1] So etwa E. Müller: „Das Lehrgespräch ist kein echtes Gespräch" (Die Kunst der Gesprächsführung, S. 12).

[2] Bollnow, Sprache und Erziehung, S. 67.

den Charakter erhalten, beiden Partnern bestimmte Informationen einsichtig zu machen, die den Schlüssel für das Verstehen des anderen oder seiner besonderen Situation in sich schließen. Es enthält den Charakter eines Explorationsgespräches. Wo allerdings ein solches Unternehmen mit der dezidierten Absicht durchgeführt wird, hernach eine zu objektivierende Diagnose zu stellen, sei es im Blick auf grundlegende Eigenschaften des Gesprächspartners oder dessen Eignung für bestimmte Aufgaben oder auch im psychopathologischen Sinne, scheint uns der Boden dessen verlassen zu sein, was wir als Gespräch bezeichnen wollen.

Nur zögernd setzen sich bei uns die Prinzipien dessen durch, was man im englischsprachigen Raum das „social case work“ nennt. Hier ist es aber gerade die Beziehung zwischen zwei Partnern im Gespräch, die eine helfende Funktion auszuüben vermag. Soweit ich sehe, hat man in der deutschsprachigen Literatur die unmittelbare Nähe dieser helfenden Beziehung zu dem, was Seelsorge sein könnte, überhaupt noch nicht zur Kenntnis genommen, die etwa in den USA seit Jahrzehnten eine völlige Selbstverständlichkeit ist. Wahrscheinlich spielt hier auch mehr oder weniger stark bewußt jene merkwürdige hierarchische Struktur im Denken innerhalb unseres Wissenschaftsbetriebes eine Rolle, die sich nur schwer dazu verstehen kann, eine Funktion, die im allgemeinen von Nichtakademikern ausgeübt wird, vorbildhaft für einen akademischen Beruf wie den des Seelsorgers werden zu lassen. Man sollte jedoch endlich einmal zur Kenntnis nehmen, daß hier eine außerordentlich sorgfältige und differenzierte Analyse der Gesprächsvorgänge erstellt wurde, der gegenüber die autoritären und methodistischen Techniken, die für das Seelsorgegespräch angeboten werden, nur als plump und grobschlächtig bezeichnet werden können. Es scheint mir deshalb außerordentlich lohnend, die Methodik der helfenden Beziehung auf deren im Hintergrund stehende Grundprinzipien zu befragen und zu untersuchen, ob in ihnen nicht Möglichkeiten verborgen liegen könnten, der Seelsorge zu einer so lautstark geforderten Wirklichkeitsgemäßheit zu verhelfen, die diese offensichtlich sehr nötig hat, wenn sie überhaupt noch eine nennenswerte Zukunftschance haben soll. Wir würden von daher zu fragen haben, welche Alternative sich bietet, wenn wir das Seelsorgegespräch nicht mehr im Sinne von Verkündigung zu verstehen vermögen.

1. Das freie Gespräch

Es scheint die einhellige Erfahrung aller Menschen zu sein, die überhaupt einen sozialen Umgang pflegen, daß das, was wir als das freie Gespräch verstehen wollen, sich nicht planen, nicht herbeizwingen und nicht manipulieren läßt. Es ereignet sich, ohne daß man ohne weiteres die Bedingungen erkennt, unter denen es möglich wird. Diesem Ereignischarakter des Gespräches gegenüber erfährt sich auch der Mensch unserer Tage also primär als ein Empfangender. Es ist eine ähnliche Erfahrung wie die alltägliche Erfahrung des Einschlafens, das sich ja auch nicht durch den Willen herbeizwingen läßt, des Traumes oder des schöpferischen Einfalls. Es scheint sich nun in der gegenwärtigen theologischen Diskussion wieder die Gewohnheit einzubürgern, an dieser Stelle das Wort Geheimnis aufzufahren und hier einen Hinweis auf das Wirken Gottes zu sehen. Ich zitiere *Gerhard Ebeling:* „Wann immer der Mensch daraufhin angegangen ist, Empfangender zu sein, vom Geschenk, von der Gnade zu leben, vom Geheimnis umgeben zu sein, da ist dies ein Verstehenshinweis, ein Wink, was es heißt, von Gott angegangen zu sein."[3] Mir scheint eine solche theologische Deutung einer alltäglichen Grunderfahrung des Menschseins nur dann legitim zu sein, wenn der Terminus Geheimnis nicht zu einer Suspendierung des kritischen Denkens verführt, das sich mit leichtem theologischen Schauder vor der Möglichkeit zurückzieht, daß man auch hinter dieser durch die Offenheit des Menschen gekennzeichneten Grenzlinie noch gewisse psychologisch faßbare Gesetzmäßigkeiten entdecken könnte. Wir werden ganz sicherlich an der Einsicht festhalten müssen, daß sich das freie Gespräch ebenso wie der Schlaf, der Traum oder der freie Einfall nicht vom Willen herbeizwingen läßt. Dies heißt jedoch noch nicht, daß wir uns nicht einsichtig zu machen vermöchten, welche Faktoren im Spiel sind, daß es zu einem Gelingen oder zu einem Mißlingen eines solchen freien Gespräches kommt. Seitdem die Tiefenpsychologie die Grenze der psychologischen Forschung, die durch das Bewußtsein gesetzt zu sein schien, überschritten hat, wissen wir etwas von psychischen Wirkungen, die aus einem Bereich kommen, der unserer bewußten Willenskontrolle nicht unterworfen ist. Für das Zustandekommen eines Gespräches zwischen zwei oder mehreren Partnern ebenso wie für die Hindernisse, die dem im Wege stehen können, ist also die unbewußte Wirkungsweise der Psyche verantwortlich zu machen. Wir können etwa vereinfachend sagen: Je stärker es zu einer unbewußten Kommunikation zwischen den Partnern kommt, um so stärker wird sich das ereignen können, was wir das freie Gespräch nennen. Je stärker dagegen einer oder mehrere Partner von ihrem eigenen Unbewußten abgeschnitten sind, um so weniger wird sich ein Gespräch ereignen können.

---

[3] Ebeling, Profanität und Geheimnis, in: ZThK 65, 1968, H. 1, S. 91.

Durch welche Beobachtung läßt sich diese etwas apodiktisch wirkende These stützen?

Niemand wird bestreiten, daß für das Zustandekommen eines Gespräches das gegenseitige Verstehen von entscheidender Bedeutung ist. Nun können die Verstehensvorgänge jedoch durch einen Vorgang sehr schwer behindert werden, den die Psychoanalyse aufgedeckt hat und mit dem Stichwort Verdrängung umschrieben hat. In dem Maße, in dem jemand genötigt ist, sich von bestimmten Bereichen seines eigenen Unbewußten zu entfremden, sie also vom Bewußtsein fernzuhalten, wird er nicht in der Lage sein, diesen Bereich bei einem anderen zu verstehen und zu akzeptieren. Er wird im Gegenteil ständig das, was er bei sich selbst nicht wahrhaben will, auf den anderen projizieren und dort bekämpfen. Es läßt sich dies leicht an literarischen Beispielen nachweisen[4]. Die Verdrängung ist deshalb einer der großen Feinde des freien Gespräches, und man kann geradezu sagen, daß Kulturepochen oder Sozialgebilde, innerhalb deren sehr stark verdrängt werden muß, auch als ausgesprochen gesprächsfeindlich angesehen werden müssen. Innerhalb eines Organismus, der den Gehorsam als einzige Kardinaltugend zu preisen vermag, kann sich kein Gespräch entfalten, und die preußische Tradition hat mit ihrer Formel „Maul halten, gehorchen!" diesen gesprächsfeindlichen Akzent über Jahrhunderte hinweg trefflich zu setzen gewußt. Vielleicht ist es nicht ganz unwichtig, sich klarzumachen, daß der verdrängende und damit gesprächsfeindliche Impuls in unserer Zeit nicht nur von jenen Kreisen ausgeht, die eine „Diktatur der Anständigkeit" aufzurichten trachten, sondern auch von jenen, die unter dem Deckmäntelchen einer gewissen Scheinliberalität der Artikulation des individuellen Unbewußten durch klischeehafte Vorstellungen und Leitbilder entgegenwirken, indem sie ganz genau zu beschreiben suchen, wie sich Gefühle heute abzuspielen und zu artikulieren haben. Als Beispiel sei nur jene giftige Blüte aus den Treibhäusern des Obergärtners der deutschen Seelenlandschaft *Axel Springer* „Jasmin" genannt.

Wer verdrängen muß, begibt sich aber auch der Möglichkeit einer Teilhabe am Unbewußten einer bestimmten Zeitsituation. Es wird ihm dann in besonderer Weise die Allgemeinverständlichkeit seiner Ausdrucksmittel ermangeln. Die Sprache vieler Theologen könnte hierfür als eindrucksvolle Illustration dienen. Es gilt schließlich auch zu bedenken, daß durch die Verdrängung der Mensch sich von dem entfremdet, was Sigmund Freud das archaische Erbe der Menschheit genannt hat, das wir mit C. G.

---

[4] Vgl. Scharfenberg, Verstehen und Verdrängung, in: ThPr 1968, H. 2, S. 130ff.

Jung das kollektive Unbewußte nennen können und das, so lange die Menschheitsgeschichte dauert, unablässig seine Energien abgibt und freisetzt. Jede dichterische Produktion schöpft aus jenem unbewußten Seelenanteil.

Sollte damit zum Ausdruck gebracht sein, daß totale Bewußtheit die ideale Voraussetzung für das Gespräch zu bieten scheint? Dies ist in der Tat die Meinung, die hier vertreten werden soll. Allerdings muß bedacht werden, daß dies keine Möglichkeit der geschichtlichen Existenz des Menschen ist. Man könnte ja auch einmal die Dynamik des Geschichtsprozesses als die unaufhörliche Abgabe von Energien aus dem Bereich des Unbewußten ansehen. Wenn das Unbewußte seine Energien vollkommen abgegeben hat, ist das Ende der Geschichte da, ist der Mensch völlig mit sich selbst identisch, sieht er von Angesicht zu Angesicht, ist das Eschaton hereingebrochen. Mir scheint, daß die schwärmerischen Bewegungen aller Epochen dieser Grundtatsache des menschlichen Daseins zu wenig Rechnung getragen haben. Wer meint, durch Aufklärung eine totale Bewußtheit zu erreichen, wird immer wieder in der Gefahr stehen, sich in den Fallstricken der dennoch vorhandenen Unbewußtheit wieder zu verlieren und revolutionäre Impulse zur Bewußtwerdung in unbewußten und irrationalen Emotionen untergehen sehen. Es kann sich also in dem hier Angestrebten nicht um eine schwärmerische Vorwegnahme der eschatologischen Größe einer totalen Bewußtheit handeln, sondern nur um die Frage, ob wir die unserer geschichtlichen Situation angemessene Stufe der Bewußtheit zu erreichen und nachzuvollziehen vermögen. Dies heißt aber vor allem eine Aufhebung jener einsichtig zu machenden Verdrängungsmechanismen, die sich so unheilvoll auf die Entfaltung des Gespräches auswirken.

Wir können also in Umrissen jene Faktoren einsichtig machen, die der Entfaltung des freien Gespräches im Wege stehen. Mit Sicherheit sind sie nicht auf der Ebene von Intelligenz und Wortschatz zu suchen. Es gibt freies Gespräch auch zwischen Menschen, die weder über einen hohen Intelligenzquotienten noch über einen reich differenzierten Wortschatz verfügen. Wohl aber werden überall da schlechte Voraussetzungen für die Entfaltung des Gesprächs geschaffen, wo der Mensch durch Drill und Training zur Passivität erzogen wird, wo seine kritische Fähigkeit durch die milde Narkose bestimmter Schreib-, Rede- oder auch Predigtstile in den Zustand einer permanenten Unaufmerksamkeit versetzt wird. Die auf dem Wege der Verdrängung zustande gekommenen eigenen blinden Flecke machen unfähig zum Gespräch. Da wo die Verdrängung soweit gesteigert ist, daß wir vom Zustand der Neurose sprechen müssen, gewinnt die Kommunikation eine gewisse Doppelbödigkeit: Wir empfangen vom anderen sprachliche Signale, die neben ihrem allgemein zugänglichen Sinn auch noch einen geheimen Code-Sinn haben. So kann etwa jemand ein seelsorgerliches Gespräch, um das er mit großer Hartnäckigkeit nachgesucht hat, damit eröffnen, daß er sagt: Sie haben sicher sehr viel Wichtigeres zu tun als mit mir zu sprechen. Und der geheime Sinn dieser Gesprächseröffnung ist die inständige Bitte um ein gewisses Maß an Aufmerksamkeit und Zuwendung. Wo es schließlich zu einer totalen Überflutung vom Unbewußten her kommt — wie etwa in der Psychose —, ist zwar oftmals ein hemmungsloser Sprachstrom entsiegelt, aber wir stehen ihm hilflos gegenüber, weil wir den Sinn dieser Worte nicht mehr zu deuten vermögen.

Die zirkelhafte Struktur unserer Situation erweist sich daran, daß es offensichtlich kein anderes wirksames Mittel gibt, diese Hindernisse wegzuräumen, als das Gespräch selbst. Es geht — wie *Bollnow* sehr richtig bemerkt — nicht nur darum, dem Menschen durch Gespräch zu helfen, sondern auch zugleich darum, ihn zunächst zum Gespräch fähig und bereitzumachen[5].

Welche Faktoren sind es nun, die das eingangs geschilderte Befriedigungsgefühl nach einem freien Gespräch zu erwecken vermögen? Es ist einmal das verstehende Aufnehmen des Gesprochenen durch einen anderen[6], weiterhin die Tatsache, daß die sprachliche Formulierung „wesentlich zur Klärung dessen beiträgt, was verworren und bedrohlich in dieser Verworrenheit den betreffenden Menschen bedrückt“[7]. Durch die Gemeinsamkeit des Überlegens wird also ein größerer Grad von Bewußtheit erreicht. Es kommt zu einer Befreiung aus objektiver Befangenheit, zu einer Lösung von eigener Voreingenommenheit und Irrtümern, kurz zu dem, was *Bollnow* eine „kritische Reinigung“ nennt[8].

Als eines der entscheidensten Argumente gegen die Entfaltung des Gesprächs wird immer wieder die Tatsache ins Feld geführt, daß der Mensch unserer gehetzten Zeit gar keine Zeit mehr dafür habe. Es läßt sich jedoch leicht erweisen, daß hinter der Frage des Umganges mit der Zeit die Frage des Umganges des Menschen mit sich selber und eben auch mit seinen unbewußten Bereichen steht, so daß man die These wagen kann, daß derjenige Mensch, der mit sich selber nicht im Einklang steht, auch keine Zeit zur Verfügung hat. Das Zeitproblem enthüllt sich damit auch als ein Verdrängungsphänomen.

---

[5] Bollnow, Sprache und Erziehung, S. 17.
[6] Ebd., S. 70.
[7] Ebd., S. 68.
[8] Ebd., S. 69.

2. *Das Lehrgespräch*

Wir haben uns vorgenommen zu zeigen, daß auch die Möglichkeit einer lehrenden Wissensvermittlung noch innerhalb der partnerschaftlichen Gleichberechtigung des Gesprächs liegen kann. Um dies zu verwirklichen, scheinen zwei geistesgeschichtliche Vorbedingungen gegeben sein zu müssen. Es ist dies einerseits der kritische Impuls gegen die ungebrochene Weitergabe von Traditionen durch die Älteren, wie er zu bestimmten Zeiten aufzubrechen vermag und sich etwa im folgenden Satz aussprechen kann: „Die Zeit, in der die Älteren alles leiteten und bevormundeten sind vorüber: Wir Jüngeren müssen unsere Dinge selbst in die Hand nehmen; denn wir tragen ja alle an den Folgen." Das Zitat stammt von dem Sophisten *Trasymachos* aus dem 4. vorchristlichen Jahrhundert[9]. Die andere geistesgeschichtliche Voraussetzung ist die Überzeugung, daß in der Unterweisung nicht eine völlig neue Information weitergegeben wird, sondern ein Sich-Erinnern an eigene Erfahrungen schlummert. Wie *Werner Jäger* eindrucksvoll nachgewiesen hat, findet sich diese Überzeugung, die zur Ausbildung der sokratischen Methode geführt hat, erstmals in der hypokratischen Literatur der antiken Medizin ausgesprochen[10]. Das Kriterium für die Wahrheit einer ärztlichen Ansicht ist hier, daß sie in Übereinstimmung gebracht werden kann mit der Anamnese des Kranken[11]. Das Kennzeichen des sokratischen Lehrgespräches ist deshalb nicht die Überwältigung mit fremden Anschauungen, „sondern die Weckung der in ihm selbst noch schlummernden ungeborenen Erkenntnis. Zur Geburt dieser schlummernden Erkenntnis kommt es auf dem Umweg über die Einsicht des Belehrten in sein eigenes Nichtwissen." [12] *Erwin Metzke* kann das sokratische Lehrgespräch so beschreiben: „Sokrates wußte, daß er nicht wußte. Eben darin sah er den Inbegriff seiner Weisheit, die ihn zu einem Fragenden machte. Dieses Nichtwissen ist Grundelement seiner Gesprächsmethode ... Immer beginnt sein Gespräch damit, daß er vermeintliche Wissensansprüche, vermeintliches Wissen auflöst, im Feuer seiner kritischen Frage zerschmilzt ... Wer bereits zu wissen glaubt, bei dem ist von vornherein das Tor versperrt, durch das die Erkenntnis einzugehen vermag ... Der erste Schritt der Gesprächsführung des Sokrates ist deshalb durch ‚Ironie' gekennzeichnet, das ironische Enthüllen des vermeintlichen Wissens als Nichtwissen. Der zweite Schritt ist nun aber keineswegs die Formulierung einer Antwort, sondern Sokrates sucht den

---

[9] Metzke, Die abendländische Kultur des Gespräches und ihr Verfall, S. 315.

[10] W. Jäger, Paideia, Bd. II, S. 11

[11] Ebd., S. 22.

[12] E. Müller, Die Kunst der Gesprächsführung, S. 11.

Menschen zu der Einsicht zu führen, daß er das Wissen wahrhaft immer selbst gewinnen muß, daß es nie als bloßes Wissen von außen vermittelt zu werden vermag." [13] Man kann also sagen, daß *Sokrates* nicht beeinflussen will, sondern Einsichten selber gewinnen lassen will, deshalb nicht suggestiv wirken will. Er will gerade die freie, lebendige, selbständige Antwort des anderen entbinden. Er will den anderen die Antwort selbst finden lassen[14]. Wie *Werner Jäger* zeigt, wurzelt damit die Erkenntnis „in einer tiefen Schicht der Seele, in der das Durchdrungensein von der Erkenntnis und der Besitz des Erkannten nicht mehr voneinander zu scheiden, sondern wesenhaft eins sind" [15]. Hier ist also der unbewußte Bereich als das eigentlich Schöpferische des Menschen durchaus mit einbezogen und nicht durch Verdrängung abgeschirmt. Ein so verstandenes Lehrgespräch hat also die Funktion, dem Menschen die Möglichkeit zum schöpferischen Einfall zu eröffnen. Dadurch kommt es aber zu einer Erweiterung des Bewußtseinsraumes. „Bildung im sokratischen Sinne wird zum Streben nach philosophisch bewußter Lebensgestaltung, die auf das Ziel gerichtet ist, die geistige und sittliche Bestimmung des Menschen zu erfüllen." [16] Ein so verstandenes Lehrgespräch ist deshalb mit der menschlichen Freiheit durchaus vereinbar, im Gegenteil, es sucht diese Freiheit zu vollenden: „Worauf es Sokrates ankam, war augenscheinlich nicht die bloße Unabhängigkeit von irgendwelchen außerhalb des Individuums bestehenden Normen, sondern die Wirksamkeit der Herrschaft, die der Mensch über sich selbst ausübt. Damit bildet sich ein neuer Begriff der inneren Freiheit heraus." [17] Mit dieser Formulierung dürfte das Anliegen, das sich in der Psychoanalyse Jahrhunderte später erfüllte, getroffen sein.

Es ist wichtig, sich vor Augen zu führen, daß dieser Typus des Lehrgespräches eigentlich nur bei *Sokrates durchgehalten* worden sein dürfte und bereits bei *Plato* eine wichtige Umprägung erfährt. Wie sowohl *Metzke* als auch *Jäger* zu zeigen vermögen, setzen nämlich die Dialoge bei *Plato* in zunehmendem Maße immer schon „einen Wissenden voraus, der den Lernenden zur Wahrheit führt" [18]. *Plato* spricht bereits als ein Lehrer, der schließlich selbst nicht mehr in Frage gestellt wird. Immer mehr tritt deshalb auch die Gestalt des *Sokrates* in den Dialogen zurück, und an seine Stelle tritt *Parmenides,* der Lehrer und Verkünder des Seins. Damit bricht das platonische Lehrgespräch aus der partnerschaftlichen Gegenseitigkeit

[13] Metzke, a.a.O. (Anm. 9), S. 317.
[14] Ebd., S. 318.
[15] W. Jäger, Paideia, Bd. II, S. 117.
[16] Ebd., S. 121 f.
[17] Ebd., S. 105.
[18] Metzke, a.a.O. (Anm. 9), S. 319.

aus. Die Stufe der Gleichberechtigung ist verlassen. Der Dialog wird beherrscht von einer suggestiven Kraft, die zwar zum aktiven Mitdenken anregt, die aber andererseits gekennzeichnet ist von der methodischen Sicherheit, mit der das Gespräch geleitet wird[19]. Scheinbar, aber nur scheinbar kommt es in diesen Gesprächen über das sokratische Nichtwissen nicht hinaus. Es wird in ihnen ein konzentrischer Vormarsch deutlich, ein „lenkender strategischer Geist, der die ganze Kraft seines Angriffes auf die eine Frage gerichtet hat: Was ist die Natur dieses Wissens?“ [20]

Es kam mir darauf an, die Umbruchstelle innerhalb dessen, was unter einem Lehrgespräch zu verstehen sei, an typischen Beispielen zu erläutern. Es wäre nicht ohne Reiz, diese Entwicklung durch die abendländische Geistesgeschichte zu verfolgen. Ich möchte nur noch den Endpunkt dieser Entwicklung zu fixieren versuchen. Ich möchte es mit einer klassischen Formulierung tun, die vor hundert Jahren geprägt wurde und an der sich bis heute nichts geändert zu haben scheint: „Ein redender Mund und sehr viele Ohren mit halb so viel schreibenden Händen — das ist der äußerliche akademische Apparat, das ist die in Tätigkeit gesetzte Bildungsmaschine der Universität. Im übrigen ist der Inhaber dieses Mundes von den Besitzern der vielen Ohren getrennt und unabhängig: Und diese doppelte Selbständigkeit preist man mit Hochgefühl als ‚akademische Freiheit‘. Übrigens kann der eine — um diese Freiheit noch zu erhöhen — ungefähr reden, was er will; der andere ungefähr hören, was er will: Nur daß hinter beiden Gruppen in bescheidener Entfernung der Staat mit einer gewissen gespannten Aufsehermiene steht, um von Zeit zu Zeit daran zu erinnern, daß er Zweck und Ziel und Inbegriff der sonderbaren Sprech- und Hörprozedur sei.“ [21]

3. Das Explorationsgespräch

Verschiebt sich die Symmetrie des Gesprächs zum anderen Pol hin, gewinnt das Gespräch stärker den Charakter der Exploration. Nach *Ludwig Pongratz* macht uns die Gesprächsbegegnung die Persönlichkeitsgestalt sichtbar, und zwar ihre Bewegung innerhalb einer mitmenschlichen Begegnung in ihrer lebendigen, tätigen Kundgabe auf ein personales Du hin. Dementsprechend könnte man die Exploration als eine „tätige Er-

---

[19] W. Jäger, Paideia, Bd. II, S. 145.

[20] Ebd., S. 147.

[21] Nietzsche, Über die Zukunft unserer Bildungsanstalten, Fünfter Vortrag 1871/72. Ausgabe Kröner, S. 496.

kundung" bezeichnen[22]. Dabei ist es wichtig, daß ein solches Gespräch nicht die Aufgabe hat, den Gesprächspartner zu beurteilen — dies wäre eine objektivierende Manier, sondern den Gesamtverlauf einer sozialen Partnersituation, zu deren Gestaltung beide Partner Wesentliches beitragen[23]. Mit der Aufgabenstellung, diese Vorgänge zu beobachten, wird zwar eine „asymmetrische Sozialsituation" geschaffen[24], doch die Verschiedenheit der Rollen verhindert die Begegnung nicht und läßt sehr wohl partnerschaftliche Gleichordnung zu[25]. Die Asymmetrie eines solchen Gespräches prägt sich darin aus, daß der Explorierende sich einer großen Passivität zu befleißigen sucht, während er die aktive Rolle dem Explorierten zu überlassen trachtet. Es ist eine einhellige Erfahrung aller, die solche Gespräche versucht haben, daß der Explorand im Verlauf eines solchen Gesprächs diese Asymmetrie langsam umzukehren sucht und Macht über den Interviewer zu gewinnen sucht und ihm die Aktivität zuzuschieben trachtet. Die Dynamik dieses Vorganges gilt es immer im Auge zu behalten[26]. Die partnerschaftliche Gleichberechtigung besteht darin, daß während eines solchen Gespräches die Persönlichkeit dessen, der es führt, in ihrer Eigenart und Wesensstruktur ein nicht auszuschaltender und wirksamer Faktor des Gesprächs ist. Es setzt deshalb eine gewisse kritische Selbsteinschätzung geradezu voraus. Wird sie vernachlässigt, dann schleicht sie sich als die eine große Fehlerquelle immer wieder ein[27]. Es gilt also, bei einem solchen Gespräch unbedingt an der Grunderkenntnis festzuhalten, daß nicht eine Persönlichkeit analysiert wird, sondern ein Gespräch. Es handelt sich um ein psychisches Feld, das durch folgende Faktoren bestimmt ist:

a) durch die Zielsetzung des Gesprächs,
b) durch den Befragten,
c) durch den, der das Gespräch führt[28].

Damit diese Grundgegebenheit nicht aus dem Auge verloren wird, schlägt *Ulrich Moser* vor, sich bei Beginn des Gesprächs folgende Fragen zu stellen:

1. Warum kommt der Betreffende (aus eigenem Antrieb, auf Veranlassung Dritter, unter irgendeinem Vorwand)?

---

22 Pongratz, Das psychologische Explorationsgespräch, in: PR, VIII, 1957, H. 3, S. 197.

23 Moser, Gesprächsführung und Interviewtechnik, in: PR, XV, 1964, H. 4, S. 263.

24 Hofstätter, Die soziale Dynamik der psychotherapeutischen Beziehung, in: Psyche 1957, H. 10, S. 733 f.

25 Pongratz, a.a.O. (Anm. 22), S. 197.

26 Moser, a.a.O. (Anm. 23), S. 264.

27 Pongratz, a.a.O. (Anm. 22), S. 199.

28 Moser, a.a.O. (Anm. 23), S. 265.

2. Warum kommt er zu mir, und wie ist er zu mir gekommen?

3. Welche Bedeutung hat er für mich, und welche Rolle wird er eventuell in meinen unbewußten Phantasien spielen?

4. In welcher seelischen Situation muß ich das Gespräch durchführen?

5. Welchen Eindruck will der Ratsuchende machen?

6. Welche Erwartungen wird er in bezug auf meine Gedanken und auf mein Fühlen haben[29]?

Erst wenn so das soziale Feld, das es zu beobachten gilt, ein wenig abgeklärt ist, kann man sich der Frage zuwenden, welche Bereiche in einem solchen Explorationsgespräch erkundet werden können, die vor allem für die Grundlegung eines seelsorgerlichen Gespräches von Belang sein können. Ich möchte sie nach vier Gruppen ordnen:

1. Das Sozialverhalten,
2. die biographischen Daten,
3. die Frage nach der psychischen Krankheit,
4. das Verhalten des Partners im Gespräch.

Es muß jedoch auf alle Fälle das Mißverständnis ausgeschaltet bleiben, als ob die damit gegebenen Stichworte sich zu einer Art Fragebogen systematisieren ließen, der in einem Explorationsgespräch systematisch abgefragt werden könnte. Die folgenden Stichworte können allerhöchstens den Rang einer kritischen Selbstprüfung nach einem solchen Explorationsgespräch haben und mehr als Gedächtnisstütze für das dienen, was ich vielleicht in weiteren Gesprächen noch zu erfahren hätte:

1. Das Sozialverhalten. Um die Situation eines Menschen, der mit einem besonderen Anliegen oder einem Konflikt kommt, zu verstehen, werde ich etwas erfahren müssen über seine Beziehungspersonen. An diesem Punkt wird man allerdings mit Fragen besonders zurückhaltend sein müssen, denn es ist oftmals sehr charakteristisch, welche Familienangehörigen kaum oder gar nicht erwähnt werden. Für das Sozialverhalten ist es weiterhin charakteristisch, welche Sterotypurteile der Betreffende unter Umständen bereits im ersten Gespräch äußert und vielleicht späterhin wiederholt. Ich werde vor allen Dingen darauf zu achten haben, ob es innerhalb der sozialen Kontakte des Betreffenden typische Verlaufsformen gibt, daß einer also scheinbar immer wieder das gleiche erlebt.

---

[29] Ebd.

2. Biographische Daten. Daß die frühe Mutter-Kind-Beziehung unter Umständen eine charakteristische Weichenstellung für das gesamte spätere Leben sein kann, braucht nicht besonders herausgestellt zu werden. Wichtig für die Erlebnisreaktion eines Menschen ist sehr häufig auch die Stellung in der Geschwisterreihe sowie besonders gravierende Kinderkrankheiten und kindliche Ängste. Die Phase der frühkindlichen Sexualität wird niemals innerhalb Erstgesprächen erfragt werden können, verdient aber, wenn sie erwähnt wird, besondere Aufmerksamkeit. Mit dem Schulbeginn tritt die Leistungsproblematik ins Blickfeld des Interesses und es gibt häufig außerordentlich charakteristische Leistungskurven. Wie die Pubertät verlaufen und empfunden worden ist sowie Berufs- und Partnerwahl geben weitere wichtige Hinweise. Auch hier wird es wieder sehr wichtig sein, nicht durch Fragen zu verhindern, in Erfahrung zu bringen, ob der Betreffende gewisse Zeitphasen in seinem Leben überspringt und bestimmte Themen wie Beruf, Krankheiten, Geld oder Sexualität besonders betont. Man muß sich immer vor Augen halten, daß es in einem solchen Explorationsgespräch keineswegs um eine exakte und genaue Detailkenntnis der Lebensgeschichte geht als vielmehr — nach einer sehr glücklichen Formulierung von *Pongratz* — um die Erlebnisgeschichte: „Das Wie eines Lebensereignisses ist wichtiger als das Was. Denn nicht das Was ist das Individuelle, sondern das Wie.“ [30]

3. Für das Eingehen einer seelsorgerlichen Beziehung scheint es nun außerordentlich wichtig zu sein, daß man sich bereits am Anfang durch ein mehr explorativ bestimmtes Gespräch Klarheit darüber verschafft, ob es sich bei dem Betreffenden um eine psychische Krankheit handelt oder ob eine einigermaßen stabile seelische Gesundheit vorhanden ist. Jedes unqualifizierte Eingreifen in einen seelischen Erkrankungsprozeß kann sich selbstverständlich außerordentlich unheilvoll für den Betreffenden auswirken. Für unsere Zwecke genügt es, zwei große Gruppierungen von seelischen Krankheiten zu unterscheiden, auf der einen Seite die Psychose und auf der anderen Seite die Neurose. Bei der Psychose handelt es sich um eine seelische Erkrankung, die im allgemeinen auf einen konstitutionell gegebenen Faktor (Vererbung) und auf ein noch nicht genau erforschtes Körpergeschehen zurückgeht. Die auffälligsten Symptome bestehen darin, daß der Betreffende Stimmen hört, daß er Fremdheitsgefühle anderen Menschen gegenüber hat, merkwürdige Körpersensationen oder gar systematisierte Wahnideen, die oftmals im Ansatz nicht ganz leicht zu erkennen sind. Es erscheint hoffnungslos, sich mit einem Wahn-

[30] Pongratz, a.a.O. (Anm. 22), S. 200.

kranken in eine Diskussion über seine Wahnideen einzulassen. Ebensowenig darf man ihn jedoch in seinen Wahnideen bestärken. Jede psychotische Erkrankung gehört in die Hände eines Psychiaters. Will man sich als Seelsorger in eine weitere Betreuung des Betreffenden einlassen, so muß es unbedingt in Verbindung mit einem Psychiater geschehen.

Von den Psychosen unterscheiden wir die Neurosen, die grundsätzlich in einem der frühen Kindheit gesetzten innerpsychischen Konfliktgeschehen bestehen. Sie manifestieren sich in körperlichen Beschwerden ohne organischen Befund, in bestimmten Zwängen oder Ängsten, die sich auf Gegenstände beziehen, die sonst nicht angsteinflößend sind. In aller Regel spielt eine Sexualverdrängung die entscheidende Rolle bei der Entstehung einer Neurose. Es gibt deshalb kaum Neurosen bei einem normalen Sexualleben. Neurotische Erkrankungen gehören in die Hände eines geschulten Psychotherapeuten. Für eine Überweisung an einen solchen sind drei Kriterien unerläßlich: 1. Hat der Betreffende eine Krankheitseinsicht? 2. Steht er unter einem Leidensdruck? 3. Ist ein Gesundungswille vorhanden? Nur wenn diese drei Kriterien gegeben sind, sind die Überweisungen an einen Psychotherapeuten aussichtsreich. Jeder erschlichene oder auf Umwegen vermittelte Kontakt zu einem Therapeuten muß von vornherein als wirkungslos angesehen werden.

4. Als wichtigster Gesichtspunkt des Explorationsgespräches ist schließlich das Verhalten des Gesprächspartners ins Auge zu fassen. Wir haben uns zu fragen, welche Rolle er spielt und welche Rolle er mir zuschieben will. Dabei muß vor allen Dingen berücksichtigt werden, wie weit das Verhalten des Ratsuchenden und die Rolle, die dem Seelsorger zugedacht wird, sich von der Realität entfernt. Je illusionärer die Erwartungen des Ratsuchenden sind und je infantiler seine eigene Haltung ist, je übermächtiger die Rolle ist, die er uns zuschieben will, um so gestörter wird die psychische Situation des Betreffenden sein.

Für den Bereich des seelsorgerlichen Gespräches werden wir den Sinn eines mehr explorativ bestimmten Gespräches in der Klärung folgender Fragen sehen:

1. Handelt es sich bei dem Betreffenden um eine seelische Krankheit?

2. Handelt es sich um einen Konflikt? Dieser Konflikt kann sich auf drei Ebenen abspielen:

a) im eigenen Inneren bis hin zu erheblichen Reifungsrückständen,
b) ein Konflikt mit Beziehungspersonen,
c) die soziale Einordnung des Betreffenden generell.

Vor allem sollte ein solches Explorationsgespräch zu klären versuchen, auf welcher Ebene das Hauptproblem liegt, ob es sich mit Schwerpunkt um eine Frage der Einsicht handelt, so daß durch ein Lehrgespräch hier zu helfen wäre; ob es sich mehr um die Frage des Verstehens der eigenen Situation oder der Situation von anderen handelt, in welchem Falle das Gespräch eine Verstehenshilfe darzustellen hätte; oder ob es sich schließlich um die Frage der persönlichen Reifung handelt, für sie scheint in besonderer Weise die in der Sozialarbeit entwickelte „helfende Beziehung“ zuständig zu sein, die im folgenden noch zur Darstellung kommen soll.

In einem stärker als Exploration verstandenen Gespräch wird der Boden dessen, was noch als Gespräch zu verstehen ist, in dem Augenblick verlassen, wo ich mich darum bemühe, die Ergebnisse zu einer Diagnose zu verobjektivieren. Hier erheben sich unüberwindliche Schwierigkeiten, so daß auf psychologischer Seite wohl auch berechtigt eine außerordentlich starke Skepsis besteht, ob das Gespräch zur Gewinnung einer Diagnose überhaupt als taugliches Mittel eingesetzt werden kann[31].

4. Die helfende Beziehung

Die helfende Beziehung stellt in gewisser Weise eine Kombination der beiden geschilderten Grundtypen des Gespräches, Lehrgespräch und Explorationsgespräch, dar. An das Lehrgespräch in dem von uns dargestellten Sinne erinnert das starke Bemühen der helfenden Beziehung, den Klienten im Hinblick auf seine gesamte Lebensführung so unabhängig wie möglich zu machen[32]. Ihre Aufgabe kann so umschrieben werden: „Die Hilfe zur Selbsthilfe hat die Aufgabe, den Klienten zu besserem Selbstverständnis, zu reiferer Bewußtheit seiner inneren und äußeren Lebenssituation zu führen, damit er künftig sich selbst helfen kann.“[33] Was bereits bei der Behandlung des Explorationsgespräches andeutungsweise ins Blickfeld kam, nämlich die Wichtigkeit der zwischenmenschlichen Beziehung, steht nun ganz im Vordergrund. Nach einer klassischen Definition von *Bower* wird dieses „social case work“ definiert als „eine Kunst, bei der die Erkenntnis der Wissenschaften über die menschlichen Beziehungen und die Geschultheit im Handhaben von Beziehungen eingesetzt werden, um im Individuum Fähigkeiten zu mobilisieren und außerdem in der Gemeinschaft Hilfsquellen zu erschließen, die geeignet sind, eine bessere Anpassung des Klienten an das Ganze oder einen Teil

---

[31] So Eisenck, Wege und Abwege der Psychologie, S. 6.
[32] Bang, Hilfe zur Selbsthilfe, S. 19.
[33] Ebd., S. 34.

seiner Umgebung herbeizuführen"[34]. Die helfende Beziehung kann deshalb geradezu als das Beobachten der dynamischen Interaktion von Haltungen und Gefühlen zwischen dem Sozialarbeiter und dem Klienten bezeichnet werden[35]. Der Sozialarbeiter ist in der Gesprächssituation mit folgenden Funktionen beteiligt: 1. Sprechen, 2. Zuhören, 3. Pausen, 4. Beobachtung[36].

Aber das Entscheidende ist nun, worauf diese Beobachtung abzielt. Sie ist nämlich keineswegs in erster Linie auf den Klienten gezielt, sondern zum subtilsten Handwerkszeug des Sozialarbeiters gehört ein Teil seines eigenen Wesens, seines Gefühllebens, seiner Gedankenwelt. Indem er sich diesen Teil seines eigenen Wesens bewußt zu machen versucht, kann er zu einem Einsatz gelangen, der dazu führen kann, gemeinsam mit dem anderen einen Weg zur Lösung bestehender Schwierigkeiten zu suchen und zu finden[37]. Wir sehen hier den hermeneutischen Grundsatz, daß es keine objektive oder objektivierende Beobachtung unter Menschen geben kann, in eine methodische Praxis umgesetzt. Nur die Tatsache, daß die gleichen Triebe und Impulse, die gleichen Verhaltensweisen als Möglichkeiten auch in ihm selbst angelegt sind, geben dem Sozialarbeiter Einfühlung und Phantasie, die ihn zum Verstehenlernen hinführen[38]. Selbstbeobachtung, gemeinsam mit dem ständigen Üben im vorurteilsfreien Denken, und Vervollkommnung einer akzeptierenden, den Menschen nicht abwertenden und verurteilenden inneren Einstellung werden als die Grundlage dieses modernen Zweiges der Sozialarbeit angesehen[39]. Es dürfte deutlich sein, daß die Aufmerksamkeit nicht zu dem Zweck auf die eigene Person gerichtet wird, um die eigenen Empfindungen nun besonders wichtig zu nehmen, sondern gerade zu dem Zweck, sie gleichsam aus der helfenden Beziehung subtrahieren zu können. Daß dies eine sehr schwierige Forderung ist, dürfte ohne weiteres deutlich sein. Immerhin sind auch methodische Wege gefunden worden, die hierzu eine Hilfe bieten wollen. Das eine ist eine gewisse Selbstkontrolle durch nachträgliches Auswerten jedes Gesprächs, das andere ist die sogenannte Supervision. Über beide Möglichkeiten wird später noch zu handeln sein[40].

Die helfende Beziehung wird für den Klienten zu einer Art Modellerleben. Da die Anteilnahme eines anderen an unserem Leben, sein Verstehen, seine Bejahung und Zuwendung, sein Interesse und seine Sorge einem Urbedürfnis in jedem Menschen entspricht, vertraut die Methodik

[34] Zitiert bei Kamphuis, Die persönliche Hilfe in der Sozialarbeit, S. 32.
[35] Ebd., S. 66.
[36] Ebd., S. 79.
[37] Bang, Hilfe zur Selbsthilfe, S. 21.
[38] Ebd., S. 39.
[39] Ebd., S. 22.
[40] Siehe S. 80 ff.

der helfenden Beziehung darauf, daß Menschen auch dazu neigen, dieses Urbedürfnis zu befriedigen. Damit wird aber dem Sozialarbeiter eine ganz neue Art von Autorität eingeräumt, bei deren Ausübung er sich nicht auf ungebührliche Weise in das Leben eines Menschen eindrängt, die aber die Möglichkeit schafft, daß der Klient die neue Erfahrung einer positiven Beziehung macht. Damit besteht die berechtigte Hoffnung, daß das, was der Klient auf diese Weise beim Sozialarbeiter „geübt" hat, später auch bei anderen Menschen gelingt[41]. Ein weiterer wichtiger Punkt der Grundprinzipien der helfenden Beziehung ist es, daß sie unter allen Umständen vermeidet, am Beginn eines Kontaktes Forderungen zu stellen. Vielmehr wird als Grundprinzip vertreten, daß den Leistungsanforderungen in jedem Fall das Erleben emotionaler Befriedigungen vorangehen muß. Als Grundsatz wird geprägt: Erst kommt es darauf an, die Leistungsfähigkeit seelisch und körperlich zu fördern, dann kann unter Umständen auch Leistung gefordert werden[42].

Fragen wir uns nun, mit welchen Mitteln in dieser helfenden Beziehung gearbeitet wird, so können wir folgende Punkte zusammenfassen: Die Hilfe zur Selbsthilfe ist erstens getragen von der Überzeugung von den entwicklungsfähigen Eigenkräften des Klienten. Diese Überzeugung soll auf ihn übertragen werden. Sie arbeitet zweitens mit konstruktiven Fragen. Drittens besteht sie in einem recht sparsamen Umgehen mit Ratschlägen. Viertens konzentriert sie sich auf das Erkennen und Ausnützen jeder Möglichkeit, dem Klienten selbständige Entscheidungen zu überlassen. Fünftens übt sie größte Zurückhaltung mit der Äußerung eigener Meinung und sechstens versucht sie zu einer Anwendung des richtigen Maßes von eigener Aktivität zu gelangen[43].

Welches sind aber nun die wissenschaftlichen und geistigen Grundüberzeugungen, die im Hintergrund dessen stehen, was wir als die helfende Beziehung kennengelernt haben? Als wissenschaftliche Überzeugungen werden folgende Punkte genannt:

1. Die topische Betrachtungsweise der menschlichen Psyche, d.h. also die Überzeugung von dem in der Psychoanalyse entwickelten Denkmodell der psychischen Struktur von Ich, Es und Über-Ich und damit die Arbeitsweise der psychischen Abwehrmechanismen.

2. Die Bedeutung des Gefühlslebens für die Anpassung und die Bedeutung der zwischenmenschlichen Beziehungen für das Gelingen von Anpassungsprozessen.

3. Die Möglichkeiten für Verhaltensänderungen und ihre Ursachen.

---

[41] Ebd., S. 150 (Anm. 37). [42] Ebd., S. 125 f. [43] So Bang, ebd., S. 151 f.

4. Die Theorien, die sich um die Begriffe Status und Rolle entwickelt und geprägt haben[44].

Als die essentiellen Ideen des social case work werden auch in neuen Veröffentlichungen folgende Dinge genannt: Die Nächstenliebe — die Vorstellung von der sozialen Gerechtigkeit — der Gedanke von der Solidarität und Gleichheit aller Menschen vor Gott — die Idee des Einmaligsein und des Wertes des Einzelmenschen — der Gedanke von der menschlichen Freiheit und Verantwortlichkeit sowie die Potenz des Menschen zur Veränderung[45].

Die sehr genau und differenziert entwickelte Methodik der Menschenbehandlung ist also getragen von einer ganz bestimmten menschlichen Haltung, die durch die Aspekte Akzeptieren, Tolerieren und Anregen bezeichnet wird. Als Ziel ist die Stärkung des Ichs, d.h. der bewußten und freien Person des Partners anzustreben[46].

5. Die Frage nach dem Seelsorgegespräch

Stellen wir uns nun die Frage nach dem Charakter des Seelsorgegesprächs, so dürfte es schwerfallen, in einem additiven Verfahren ihm eine Sonderrolle und einen eigenen Sonderstatus zuzuerkennen. Sowohl im freien Gespräch wie im Lehrgespräch und im Explorationsgespräch, vor allem aber in der helfenden Beziehung finden sich Elemente, die dem Grundgeschehen des Glaubens entsprechen können. Wenn man schon von einer Analogie zwischen der Rolle des Seelsorgers und dem, was er zu vertreten hat, sprechen will, dann mit Sicherheit nicht von der Analogie der Würde, mit der die Größe des Auftrags anschaulich zu machen ist *(Asmussen)*, sondern allenfalls von der Analogie des Kreuzes, mit der der Person des Seelsorgers und damit der Beziehung eine solche Aufmerksamkeit zugewendet wird, daß sie aus der Situation subtrahiert werden kann. Nicht an dem Maß der persönlichen Würde des Seelsorgers kann einem Menschen das aufgehen, was ihn unbedingt angeht, sondern allenfalls an der Art, wie der Seelsorger versucht, sich selbst überflüssig zu machen und dem anderen seine Freiheit zu lassen. Es erscheint mir deshalb völlig unmöglich, bei der Frage nach dem Seelsorgegespräch von zwei voneinander getrennten Bereichen her zu denken, wie dies in der Gegenwart noch immer wieder versucht wird, daß man meint, alle Gleichgewichtsstörungen des Menschen mit seiner Umwelt oder auch in sich selber den säkularen Institutionen überlassen zu können, während es lediglich darauf ankomme, eine Diagnose zu stellen, die feststellt, ob der

[44] Kamphuis, a.a.O. (Anm. 34), S. 37. [45] Ebd., S. 38. [46] Ebd., S. 67.

Mensch in seinem Gleichgewicht gegenüber Gott gestört ist, daß also sein Gottesverhältnis nicht in Ordnung ist[47].

Folgende Gesichtspunkte scheinen mir bedenkenswert, um dem Gespräch — und zwar der Art von Gespräch, wie wir sie anstreben — einen angemessenen Rang innerhalb des seelsorgerlichen Handelns zuzuerkennen:

a) Der Charakter der existentiellen Offenheit christlicher Überlieferung zwingt zum Gespräch

Es werden heute in der Theologie hie und da Überlegungen darüber angestellt, ob der christliche Glaube nicht in einer Weise überliefert werden muß, die niemals zur abgeschlossenen Tradition erstarren kann, sondern immer offen ist für die existentielle Erprobung durch die Nachfolge. So schreibt *Knipping:* „Die Wahrheit, die Jesus verkündigt und lebt, wird sich erst in der Nachfolge erweisen. Sie wird Torheit und Skandal in den gewohnten Lebensformen sein. Es wird sich zeigen, wer in Wahrheit gewinnt. So ist die Verkündigung, der ganze Kanon ein Kolloquium der Zeugen, das bis ans Ende der Welt fortgesetzt wird. Der Nachfolger damals wie heute wagt mit seiner Lebensentscheidung — das ist sein Glaube —, daß die Wahrheit des Christus sich erweisen wird. Dies aber ist Gegenstand des Gesprächs in den wechselnden geschichtlichen Verhältnissen des Lebens. Hier ist der Ansatz für eine Verkündigung als Gespräch.“ [48] *Martin Ohly* schreibt: „Schließlich haben wir es gelernt, den Kanon der Schrift zu verstehen als den Niederschlag des ungeheuer intensiv und lebendig geführten Dialogs ... Der vielseitige Dialog, wie er uns im Neuen Testament entgegentritt, findet vor allem in zwei Richtungen statt, einmal im Blick auf das Phänomen Jesus und sodann im Blick auf die Konsequenzen, die aus dem Phänomen Jesus folgen.“ [49] Das heißt doch wohl nichts anderes, als daß auch die christliche Verkündigung den Boden bereitet hat für eine neue Möglichkeit in der Gesprächsführung. Christus selbst hat ganz konkret den Menschen angeredet, und zwar bestimmte Menschen in bestimmten Situationen. Die hier sich auftuenden Möglichkeiten, dem Gespräch eine neue Basis zu geben, sind bisher kaum zur Entfaltung gekommen. In den Mittelpunkt trat vielmehr die Bildung einer Tradition, die lehrmäßig weitergegeben wurde, wenn auch in der Geschichte der christlichen Kirche immer wieder Ansätze für neue Gesprächsbildungen gefunden werden können[50]. Wir

---

[47] v. Waldegg, Das seelsorgerliche Gespräch, in: Pastoralblätter 1965, H. 10, S. 547.

[48] Knipping, Verkündigung als Gespräch, in: PTh 1966, H. 1, S. 35.

[49] Ohly, Verkündigung und Gespräch, in: Phantasie für Gott, S. 77.

[50] Metzke, a.a.O. (Anm. 9), S. 320 f.

können also sagen: Der Glaube hat nicht die Wahl, ob er sich dem Gespräch stellen will. Er überlebt nur im Gespräch. Er bleibt nur Glaube im Gespräch. So ist der Glaube unwiderruflich ins Gespräch berufen. Er kommt aus dem Gespräch und führt ins Gespräch *(Ernst Lange)*[51] Damit dürfte gleichzeitig das zum Ausdruck gebracht werden, was immer wieder als der Strukturwandel in unserer Zeit angesehen wurde: daß wir nicht mehr an einen blinden Gehorsam binden können, daß wir nicht mehr in väterlicher Autorität führen können, sondern daß es nur darum geht, im gleichberechtigten Umgang zur Mündigkeit zu verhelfen, damit eine ungewisse Zukunft uns zum Wagnis führen kann. „Kein Ich und kein Du allein hat Autorität, sondern von dem gleichberechtigten gemeinsamen dialogischen Reden und Handeln geht Autorität, geht Legitimation aus.“ [52]

b) Der Charakter der grundsätzlichen Verwechselbarkeit von Glaubensaussagen zwingt zum Verzicht auf falsche Autorität.

Zum Wesen des christlichen Glaubens gehört es an zentraler Stelle, daß nicht in einer falschen theologia gloriae die Verhüllung von Jesu Rolle und Autorität aufgegeben wird. Er stellt seine Autorität nur auf sich selber, auf sein eigenes Wort: Ich aber sage euch! Daraus ergibt sich die Unvermeidlichkeit der Auseinandersetzung, das Streitgespräch mit den Pharisäern, der Dialog mit den Jüngern. Jesus muß gleichsam von Fall zu Fall seine Gottessohnschaft durchsetzen und bewähren[53]. Es kann kein Zweifel sein, daß die Zeiten endgültig vorbei sind, in denen die Kirche in frageloser, vorgegebener Autorität reden und dekretieren kann. Damit ist jedoch kein Grund zur Klage gegeben, sondern eine neue Chance für das Gespräch. „Das Gespräch kennzeichnet eine Lage, in der weder der einzelne Christ noch die Kirche noch die Bibel die vorgegebene Autorität haben. Die Gesprächssituation verhindert es eher, Autorität an der falschen Stelle einzusetzen, sei es, um persönliches Ungenügen zu kaschieren oder ein überholtes Weltbild als für den Glauben verbindlich zu postulieren oder falsche, zu überwindende gesellschaftliche Zustände als gottgewollt zu deklarieren. Die falsch eingesetzte Autorität ist pfäffisch, weil sie den Menschen entweder unmündig hält oder doch wünscht, das zu tun.“ [54]

Für die seelsorgerliche Praxis heißt das, daß der Seelsorger tatsächlich von der Erkenntnis beherrscht sein muß, daß er über eine Antwort auf

[51] Lange, Chancen des Alltags, S. 125.
[52] v. Oppen, Frömmigkeit in einer weltlichen Welt, S. 30ff.
[53] Ohly, a.a.O. (Anm. 49), S. 71.
[54] Ebd., S. 74.

die Frage des andern nicht selbst verfügt, sondern sie mit ihm gemeinsam suchen und empfangen muß. Die Seelsorge könnte deshalb nach einer vortrefflichen Formulierung von *Eberhard Müller* in der göttlichen Gabe der Solidarität eines gemeinsamen Fragens nach der Wahrheit bestehen[55]. Nicht der andere soll belehrt oder überzeugt werden, es soll vielmehr zur echten Hörbereitschaft, Offenheit und Solidarität kommen. Allerdings darf die aus dem Gespräch verbannte autoritäre Rolle nicht unversehens doch wieder durchschlagen, wenn etwa empfohlen wird, sich nur deshalb so stark zurückzuhalten, damit am Ende der einzelnen Gesprächspunkte dem Leiter des Gesprächs doch eine gewisse autoritäre Deutung zugebilligt werden kann[56]. An die Stelle der Unerschöpflichkeit unqualifizierter christlicher Antworten müßte endlich das Eingeständnis vom vielfachen Nichtwissen treten, das, was *Dietrich Bonhoeffer* „das qualifizierte Schweigen" genannt hat[57]. Eine offene Frage, eine eingestandene Ratlosigkeit sind keineswegs eine Bankrotterklärung[58], sondern gerade damit könnte der Raum geschaffen werden für neue Lösungsmöglichkeiten, für das Wirken des heiligen Geistes, für die Chance, daß aus einer Solidarität menschlicher Ratlosigkeit eine bisher nicht gesehene neue Möglichkeit sich ergeben könnte.

[55] Müller, Die Kunst der Gesprächsführung, S. 14.
[56] Ebd., S. 27.
[57] H. J. Schultz, Kritik an der Kirche, S. 150.
[58] Ohly, a.a.O. (Anm. 49), S. 76.

§ 3 Die interpersonale Dynamik im Gespräch

LITERATUR:

Josef Breuer / Sigmund Freud, Studien über Hysterie (1895), in: S. Freud, Gesammelte Werke, Bd. I.

Sigmund Freud, Vorlesungen zur Einführung in die Psychoanalyse (1917), Gesammelte Werke, Bd. XI.

C. G. Jung, Die Psychologie der Übertragung. Zürich 1946.

Gerhart Scheunert, Psychoanalytische Situation und zwischenmenschliche Beziehung, in: Wege zum Menschen, 1958, H. 2, S. 40 ff.

Franz Heigl, Die Gegenübertragungsangst und ihre Bedeutung, in: Zeitschrift für psychosomatische Medizin, 1959, H. 3, S. 32 ff.

Frieda Fromm-Reichmann, Intensive Psychotherapie. Stuttgart 1959.

THESE:

> Jedes Gespräch ist geprägt durch die Lebens- und Erfahrungsgeschichte beider Partner, die sich mehr oder weniger unbewußt in die gegenwärtige Situation eindrängt. Die Psychotherapie trägt diesem Tatbestand Rechnung, indem sie ganz bewußt ihre Aufmerksamkeit auf die Phänomene Übertragung und Gegenübertragung richtet. Auch jede andere Gesprächsbeziehung muß darauf gefaßt sein, daß sie sich durch Übertragungen von der Wirklichkeit entfernt und damit einen illusionären Charakter erhält. Je stärker eigene Gegenübertragungsäußerungen kontrolliert sind, um so leichter wird es auch gelingen, typische Verhaltensweisen des Gegenübers als Übertragung zu erkennen und damit den drohenden Teufelskreis zu durchbrechen.

Jedes Gespräch ist eingebettet in die Begegnung zweier Menschen, die beide ihre so oder so geartete Geschichte mitbringen, und wir können niemals von dieser Geschichte abstrahieren. Jedes Gespräch ist eingespannt in einen äußeren Rahmen, bei dem sowohl der Raum eine Rolle spielt, in dem es stattfindet, als auch die persönlichen Eigenarten der Gesprächspartner, deren Vorurteile, Empfindlichkeiten, Schwächen und Stärken. Alle diese Dinge scheinen im Gespräch direkt keine Rolle zu spielen, weil sie in den allerseltensten Fällen ausgesprochen werden. Sie bleiben also in der Regel unbewußt, und wir sind nicht gewohnt, diesen Dingen „im Hintergrund" überhaupt eine Aufmerksamkeit zuzuwenden und sie zu beachten. Trotzdem sind sie eine Realität, die in ganz entscheidender Weise zum Gelingen oder Mißlingen eines Gesprächs beiträgt.

Wir verdanken es der Psychotherapie, daß sie auf diese Tatbestände zum ersten Male aufmerksam gemacht hat und sie in ihre Behandlungstechnik, die sich ja auch als eine Begegnung zweier Menschen abspielt, einbezogen hat. Wir werden also die Frage nach der interpersonalen Dynamik im Gespräch nicht behandeln können, ohne uns etwas ausführlicher mit der psychoanalytischen Technik zu befassen und die Begriffe Übertragung und Gegenübertragung zu erläutern, die diesem Tatbestand Rechnung tragen. Zunächst soll jedoch versucht werden, die Sache, um die es geht, auf eine ganz unpsychoanalytische Weise zu erklären, und zwar an Hand eines Schemas. Dergleichen führt zwar zu einer gewissen Vergröberung der Tatbestände, wir müssen das aber in Kauf nehmen.

Die Abbildung stellt die beiden Gesprächspartner A und B dar. Die Linie hinter ihnen bezeichnet die Sinnenschwelle, die die Sinneseindrücke aufnimmt und weiterleitet. Sie bezeichnet in etwa auch die Grenze des Bewußtseins, in dessen Hintergrund eine Vielfalt von persönlichen Erinnerungen beider Partner liegt. Wir nehmen nun an, eine Frau entschließt sich dazu, einen Seelsorger aufzusuchen, weil ihr der Rat dazu gegeben wurde. Sie sucht also ein bestimmtes Haus auf, in dem die Sprechstunden des Seelsorgers stattfinden. Der erste Sinneseindruck wird durch dieses Haus hervorgerufen. Nehmen wir an, daß es ihr bekannt vorkommt. Indem sie die Treppe hinaufgeht, fällt ihr plötzlich ein: dieses Haus erinnert mich an meine alte Schule, in die ich als junges Mädchen gegangen bin. Es stellt sich eine plötzliche Verbindung zur längst vergangenen Schulzeit her, und es kann damit ein ganzer Strom von Erinnerungen ausgelöst werden. Jeder Sinneseindruck, jede Wahrnehmung, die wir haben, hat nämlich die Bestrebung, eine Verbindung herzustellen zu ähnlich gearteten Erinnerungen, die irgendwo in dem großen Bereich unseres Erinnerungsvermögens lagern.

Jetzt tritt die Frau in das Zimmer des Seelsorgers und hat einen zweiten Sinneseindruck: Es hängt ein Kreuz an der Wand. Vielleicht ist sie schon lange nicht mehr in der Kirche gewesen, und dieses ruft eine zweite Erinnerung in ihr wach: Sie denkt vielleicht an ihre Konfirmation und alles, was mit diesem Thema zusammenhängt. Nun sitzt ihr ein Seelsorger gegenüber, den sie noch nie gesehen hat, aber plötzlich fällt ihr auf, daß er wie ihr früherer Tanzstundenherr aussieht. Sofort tauchen eine Menge Erinnerungen auch aus dieser Zeit auf. Es ist noch kein Wort gesprochen worden, das Gespräch hat noch nicht begonnen, und doch liegt bereits eine ganze Fülle von bisher nur latenten Stimmungen und Gefühlen bereit, sich zu äußern und in das Gespräch einzugehen. Auf der Seite des Seelsorgers sieht es natürlich genauso aus.

Bevor überhaupt das Gespräch recht in Gang kam, ist also eine ganze Fülle von Gefühlsqualitäten in Bewegung gebracht. Nun beginnt das Gespräch, und bei jeder Frage, bei jeder Antwort, in jedem Anteilnehmen am Gespräch verändert sich aufs neue die Gefühlssituation der beiden Partner. Es gibt kein Mittel, dem zu entgehen. Denn es handelt sich um ein psychisches Grundgesetz, das immer in Kraft ist. Wir können lediglich vor diesen Tatsachen die Augen verschließen und so tun, als ob es sie nicht gäbe. Dann fließen alle möglichen Gefühle und Einstellungen in das Gespräch ein, ohne daß wir dies in irgendeiner Weise beeinflussen und kontrollieren können. Es kann in unseren Überlegungen also nicht um die Frage gehen, wie wir dieses Geschehen abstellen können, sondern es kann nur um die Frage gehen, wie wir diese Dinge aufnehmen, wie wir sie behandeln wollen und wie wir sie in die Gesprächsführung einbeziehen können. Die Psychotherapie hat für das heilende Gespräch eine ganz bestimmte, fest ausgeprägte Technik entwickelt, die für jede Gesprächsführung als grundlegend angesehen werden muß. Gewiß fehlen dem Seelsorger in der Regel die Voraussetzungen, um diese Technik einfach zu übernehmen. Er muß sie jedoch kennen, um sich bewußt mit dem Phänomen von Übertragung und Gegenübertragung auseinanderzusetzen. Denn gerade das Übertragungsverhalten eines Ratsuchenden sowie die Gegenübertragungsäußerungen des Seelsorgers sind die sicherste Leitlinie, die die Grenze der seelsorgerlichen Bemühungen erkennen lassen. Je stärker die Realität nämlich durch Übertragungs- und Gegenübertragungsäußerungen verzerrt und entstellt ist, um so näher liegt die Gefahr einer unerlaubten Grenzüberschreitung in den Bereich der Psychopathologie[1]. Darüber hinaus vermögen die paradigmatischen Erfahrungen der

[1] Vgl. zum folgenden: Scharfenberg, Übertragung und Gegenübertragung in der Seelsorge, S. 80ff.

Psychotherapie jedoch als Modelle einer ständig kritischen Selbstreflexion und Selbstprüfung zu wirken, die einen unverantwortlichen Dillettantismus verhindern könnten und deren Kenntnisnahme deshalb jedem Seelsorger zur Pflicht gemacht werden sollte.

1. Die Übertragung

Es soll zunächst versucht werden, die Geschichte der psychoanalytischen Behandlung von ihren Anfängen bis zu der Entdeckung der Phänomene von Übertragung und Gegenübertragung nachzuzeichnen.

Die ersten Versuche, das Gespräch als Therapeutikum einzusetzen, wurden Ende des vorigen Jahrhunderts von dem Wiener Nervenarzt *Josef Breuer* unternommen. Er hatte erkannt, daß manche Patienten mit den für sie sehr unangenehmen Erinnerungen an bestimmte peinliche Erlebnisse so fertig wurden, daß sie diese Erinnerungen aus dem Bewußtsein abschoben, sie verdrängten. Zugleich wurde dabei aber die diesem Erlebnis anhaftende Erregungssumme ins Körperliche umgesetzt und äußerte sich in Krankheitssymptomen wie Lähmungserscheinungen, Schmerzen und jenen Erkrankungen, die man heute weithin als psychogen ansieht. Die Behandlung bestand nun darin, daß eine Zurückführung der Erregung aus dem Körperlichen versucht wurde, um dann den „Ausgleich des Widerspruchs zwischen ursprünglichem Impuls und tatsächlichem Verhalten durch Denkarbeit und die Abfuhr der Erregung durch Sprechen zu erzwingen“[2]. *Breuer* nannte diese Behandlungsmethode die kathartische Methode, und die Heilwirkung trat in der Regel dann ein, wenn der Kranke unter Hypnose den Vorgang, der zur Bildung seiner Symptome geführt hatte, in möglichst ausführlicher Weise schilderte und dem Affekt, der im Hintergrund saß, Worte gab[3].

Breuer erzielte mit dieser Methode jedoch eine durchaus unerwünschte Nebenwirkung, daß sich nämlich die Patienten in einer eigentümlichen Weise an den Arzt zu fixieren begannen und daß sich diese gefühlsmäßige Bindung nur sehr schwer wieder lösen ließ. *Breuer* hat deshalb sogar gezögert, seine Forschungsergebnisse zu veröffentlichen[4]. Bereits hier sehen wir uns einer Hauptschwierigkeit gegenüber, die auch dem Seelsorger im Gespräch immer wieder entgegentritt, daß nämlich die dialogische Situation durch ungewollte und unbewußte Affekte entstellt und verzerrt wird. Erst *Sigmund Freud* gelang es, feste Regeln zu entwickeln und eine Kunst der therapeutischen Gesprächsführung zu entfalten, die dieser

[2] S. Freud, Gesammelte Werke, Bd. I, S. 97.

[3] Ebd., S. 147.

[4] Vgl. Freud, Briefe, S. 406.

Situation angemessen war. Diese Regeln, die *Freud* für das psychoanalytische Gespräch aufstellte, könnten zu einem Paradigma dafür werden, mit welch unbeugsamem Willen und mit welcher intellektuellen Redlichkeit in den Anfängen der Psychoanalyse versucht wurde, mit den Schwierigkeiten fertig zu werden. *Freud* brach zunächst mit der Hypnose, wandte dann vorübergehend den Kniff des „Drückens“ an, mit dem er versuchte, durch einen äußeren sensorischen Reiz die Aufmerksamkeit des Patienten von einer Zensierung seiner Einfälle abzulenken und ihn dazu zu veranlassen, das auszusprechen, was ihm gerade einfällt[5]. Aber auch diese Manipulation des Patienten wurde bald aufgegeben und *Freud* wandte seinem Partner seine volle uneingeschränkte Aufmerksamkeit zu. Da der Patient aber keineswegs in der Lage war, alles, was ihn tatsächlich bewegte und erfüllte, beunruhigte und quälte, in Worte zu fassen, mußten Mittel und Wege gefunden werden, im Gespräch gewissermaßen zwischen den Zeilen zu lesen. Damit wurde auch die nichtverbale Kommunikation ins Gespräch mit einbezogen. *Freud* machte es sich zur Regel, daß es in der zwischenmenschlichen Begegnung nichts Unwichtiges gab. Haltung, Gebärde und Ausdrucksweisen des anderen wurden zu sprechenden Spiegelbildern seiner seelischen Situation. Der Patient wurde dazu angehalten, das Gespräch mit Absicht absichtslos zu halten, d.h. ihm wurde Mut gemacht, sich dem freien Einfall zu überlassen, und er wurde auf die „analytische Grundregel“ verpflichtet, alles mitzuteilen, was ihm gerade durch den Kopf gehe, gleichgültig, ob er es für wichtig oder unwichtig halte, ob es gerade zum Thema gehöre oder nicht. Sich selbst machte *Freud* die „analytische Abstinenz“ zur Pflicht. Er verzichtete darauf, eigene spontane Reaktionen sofort auszusprechen und dem Patienten seine eigenen Geschmacks- und Werturteile mitzuteilen. Statt dessen strebte er eine Haltung der „gleichmäßig schwebenden Aufmerksamkeit“ an, die in ganzer Intensität dem anderen zugewandt sein sollte. *Freud* machte allerdings die gleiche Erfahrung wie sein Kollege *Breuer*. Auch ihm gegenüber entwickelten die Patienten unangemessene Gefühlseinstellungen. *Freud* fand jedoch die Möglichkeit, diese Gefühlseinstellungen zu interpretieren und erkannte in ihnen virulent gebliebene Gefühlseinstellungen aus der Vergangenheit, die damals ins Unbewußte verwiesen und verdrängt worden waren und nun im Laufe der Behandlung in bezug auf die Person des Arztes wieder aufwachten. Dieser Zusammenhang konnte den Kranken deutend erläutert werden, und die angeblichen Liebes- oder Haßgefühle lösten sich auf. An ihre Stelle trat die verdrängte

---

[5] Freud, Gesammelte Werke, Bd. I, S. 167 f.

Erinnerung, das ursprüngliche Erlebnis. *Freud* lernte nun, die Gefühle seiner Patienten als Neuauflagen und Neubearbeitungen früherer Gefühle zu verstehen, die der Patient auf die zwischenmenschliche Situation zwischen sich und dem Arzt überträgt[6]. Es wurde damit eins der psychischen Grundgesetze deutlich: jeder Mensch untersteht einem Wiederholungszwang. Er strebt danach, bestimmte wichtige Erlebnisse, die er mit anderen Menschen gehabt hat, wieder aufleben zu lassen und bestimmte Gefühlseinstellungen feindlicher oder zärtlicher Natur darzustellen, zu agieren. *Freud* verbot dieses Agieren nicht, er akzeptierte es, ohne darauf in positiver oder negativer Weise einzugehen. Er drängte aber darauf, dieses Agieren durch Deuten allmählich in Erinnerungen zu verwandeln, um die Urerlebnisse, die sich dahinter verbargen, mit dem Patienten durchzuarbeiten[7].

Was sich als schwerstes Hindernis des therapeutischen Gesprächs angelassen hatte, wurde zu seinem größten Hilfsmittel. Das Gespräch bewegte sich nun nicht mehr allein auf einer intellektuellen Ebene, sondern es schloß Gefühlsregungen ein. Jenes Stück seines Gefühlslebens, an das sich der Kranke zunächst nicht erinnern kann, erlebt er in seinem Verhältnis zum Psychotherapeuten wieder[8]. Aber in dieser „erhöhten Temperatur" des Übertragungserlebnisses kann es gelingen, auch die Symptome zu lösen. Der Arzt spielt dabei die Rolle eines katalytischen Fermentes[9]. Damit wurde eine Gelegenheit zu einer Art Nacherziehung gegeben. Man war nicht mehr darauf angewiesen, Verhaltenskorrekturen durch Forderungen zustande zu bringen, sondern hatte eine Möglichkeit in der Hand, gefühlsmäßige Einstellungen durch Deutungsarbeit zu ändern.

Von diesen Grunderkenntnissen aus räumte *Freud* nun der Übertragung die zentrale Stelle im Rahmen seiner psychoanalytischen Technik ein. Die Behandlung spielt sich seither gewissermaßen als ein Kampf zwischen Therapeuten und Patienten ab, in dem der Patient seine Leidenschaften und Gefühle agieren, wiederholen und darstellen will, während der Psychoanalytiker ihn dazu nötigen will, sie der denkenden Betrachtung unterzuordnen[10]. Wie dramatisch ein solcher Kampf zwischen Therapeut und Patient werden kann, soll an einem kleinen Beispiel erläutert werden: Ein Patient, der an einer unerträglichen Arbeitsstörung litt,

[6] Ebd., S. 310.
[7] Freud, Gesammelte Werke, Bd. XIV, S. 305.
[8] Gesammelte Werke, Bd. V, S. 281.
[9] Gesammelte Werke, Bd. VIII, S. 55.
[10] Ebd., S. 374.

begann jede Therapiestunde damit, daß er 15 bis 20 Minuten schwieg. Über einen langen Zeitraum bestand keine Möglichkeit, ihn über diese Schwierigkeit hinwegzubringen und ihm dazu zu verhelfen, daß er frei sprechen konnte. Es hat 20 bis 30 Stunden gedauert, bis dieser Widerstand, der sich im Schweigen zeigte, aufgelöst werden konnte. Eines Tages jedoch, nachdem er immer wieder gefragt worden war, ob ihm nicht ähnliche Situationen einfielen, in denen er auch so geschwiegen habe, konnte er erzählen: „Wenn ich aus der Schule nach Hause kam, und ich hatte eine Fünf, und mein Vater wartete an der Tür, dann hatte ich das gleiche Gefühl, denn ich wußte, jetzt kriegst du Prügel, und dann habe ich mich ganz stark gemacht und kein Wort gesprochen und alles in mir verschlossen.“ Es ist erstaunlich, daß in der therapeutischen Situation sich die intellektuelle Einsicht gegen die gefühlsmäßige Einstellung im Hintergrund immer wieder als machtlos erweist und wie stark die Gefühlseinstellung das Verhalten bestimmt. Sobald jedoch verstanden ist, daß hier eine Übertragung aus der Vergangenheit vorgenommen wird, gelingt es im allgemeinen, dieses Verhalten zu korrigieren und damit auch Symptome zu lösen.

Wir fragen uns: Wo wird das Klischee hergestellt, das im Laufe des Lebens regelmäßig wiederholt und neu abgedruckt wird? *Freud* konnte es seinem klinischen Material nach nur darin sehen, daß das Liebebedürfnis der Patienten von der Realität nicht restlos befriedigt werde, so daß sie sich nun mit libidinösen Erwartungsvorstellungen jeder neu auftretenden Person zuwenden müssen. Der Arzt wird in eine dieser psychischen Reihen eingefügt, die im Lebensgang eines Menschen entstehen. Die Konstellation dieser psychischen Reihen kann jedoch schon von der Vater-, Mutter-, Bruder- oder Schwestervorstellung her geprägt werden. Welche Übertragung der Patient in der Psychotherapie herstellt, hängt also von der während seiner Kinderjahre erworbenen Eigenart ab, d.h. davon, „welche Liebesbedingungen er stellt, welche Triebe er befriedigt, welche Ziele er sich stellt“ [11]. Es handelt sich also bei der Übertragung um eine Wiederholung infantiler Imagines — um einen Ausdruck von *C. G. Jung* zu benutzen —, als deren dramatischen Höhepunkt Freud bekanntlich den Ödipus-Komplex ansah und die für ihn zum eigentlichen Ursprungsort der Übertragungen wurde [12].

Freud war der Meinung, daß es durch eine ständig gleichbleibende Freundlichkeit und Aufmerksamkeit des Analytikers, aus der er sich auch nicht durch Haß- oder Liebesausbrüche des Patienten herausmanö-

[11] Ebd., S. 364.

[12] Gesammelte Werke, Bd. XIV, S. 305.

vrieren lassen dürfe, gelingen könne, ein Zwischenreich zwischen Krankheit und Leben zu schaffen, eine künstliche, eine artifizielle Krankheit, nämlich die Übertragung, die in der psychoanalytischen Technik keineswegs abgewehrt, sondern ihrerseits durch die Analyse schließlich aufgelöst werden soll[13].

Es läßt sich nun nicht bestreiten, daß es sich bei der Übertragung — wie es einmal *C. G. Jung* formuliert hat — um ein ganz natürliches Phänomen handelt, das ebensowohl dem Psychotherapeuten wie dem Lehrer oder dem Pfarrer zustoßen kann und muß[14]. Wir müssen uns also darüber im klaren sein, daß wir der Übertragung auf keine Weise entgehen können. Aber sie ist gerade die große Verfälscherin aller unserer Beziehungen. Sie hindert uns, unser Gegenüber als den zu sehen, der er wirklich ist. Statt dieses Du steht uns ein gespenstischer Schemen aus unbewältigter Vergangenheit gegenüber, das uns den Weg zum wirklichen Sein des anderen Menschen versperrt[15]. Die Aufgabe, die sich also sowohl für die Psychotherapie wie für jede andere Gesprächsführung stellt, besteht zunächst einmal darin, der Übertragung Aufmerksamkeit zuzuwenden und sie zu erkennen. Dies kann aber nur geschehen, wenn auch der Seelsorger den Mut hat zuzugeben, daß vieles von dem, was der Ratsuchende in seiner Beziehung zu ihm ausgesprochen oder unausgesprochen äußert, nicht für bare Münze genommen werden darf, ihn also gar nicht unmittelbar betrifft, sondern auf dem Wege der Übertragung oder — in der Terminologie *C. G. Jungs* zu sprechen — der Projektion zustande gekommen ist. Nach *C. G. Jung* ist die Projektion „ein unbewußter automatischer Vorgang, durch welchen sich ein dem Subjekt unbewußter Inhalt auf ein Objekt überträgt, wobei ersterer erscheint, als ob er dem Objekt zugehöre“[16]. Dieser Vorgang ereignet sich zwangsläufig in jeder zwischenmenschlichen Situation.

In gewissen Fällen wird es den Seelsorger entlasten, wenn er sich bei durchaus negativen Gefühlsreaktionen seines Gegenübers sagen kann, daß diese ihn gar nicht unmittelbar selbst betreffen, sondern auf dem Wege der Projektion zustande gekommen sind. Vielleicht kann diese Erkenntnis auch mithelfen, jene Panik zu verhindern, mit der so viele seelsorgerliche Beziehungen so plötzlich und unvermittelt abgebrochen werden, weil etwa der Pastor den Eindruck gewonnen hat, der Ratsuchende habe sich

---

[13] Gesammelte Werke, Bd. X, S. 135.

[14] Jung, Psychologie der Übertragung, S. 11.

[15] Scheunert, Psychoanalytische Situation und zwischenmenschliche Beziehung, in: WzM 1958, H. 2, S. 40 f.

[16] Jung, Von den Wurzeln des Bewußtseins, S. 67.

in ihn verliebt. Es gibt dafür außerordentlich eindrucksvolle Beispiele aus der seelsorgerlichen Praxis.

In vielen Fällen wird auch die Einsicht in die Unausweichlichkeit von Übertragung und Projektion zu enttäuschenden Gefühlen Anlaß geben. Was dem Seelsorger vielleicht als die Wirkung seiner Persönlichkeit oder als seelsorgerliches Geschick, als Begabung oder als Charisma vorkam, wird sich in dieser Sicht sehr oft als ein sehr einfacher Übertragungsmechanismus und als reines Phänomen der Projektion enthüllen. Diese Erkenntnis mag oft schmerzlich sein, aber sie wird auch zu der im Gespräch unbedingt notwendigen inneren Distanz verhelfen können und verhindern, daß Seelsorger und Ratsuchender ihre Probleme gemeinsam agieren.

Besonders bei ausgesprochen positiven oder negativen Kontakten muß man sich immer erst fragen, ob der Ratsuchende den Seelsorger nicht in eine seiner bisher praktizierten psychischen Reihen einordnet.

2. *Die Gegenübertragung*

Bereits *Freud* hatte nie behauptet, daß ein solcher Sturm von Gefühlen, der auf den Analytiker zukommt, ihn völlig unberührt lassen könne. Er sah durchaus, daß auch beim Analytiker ständig die Gefahr einer unbewußten gefühlsmäßigen Einstellung seinem Patienten gegenüber besteht, für die er den Terminus Gegenübertragung prägte. Allerdings erhoffte er, daß der Psychoanalytiker diese Gegenübertragung durch seine eigene Analyse, durch die er hindurchgegangen sein muß, einigermaßen bewußt und unter Kontrolle halten könne. Als Definition der Gegenübertragung sei *Fritz Riemann* zitiert, der einmal sagt: „Gegenübertragung meint die bewußten oder unbewußten struktur- oder persönlichkeitsbedingten Reaktionen des Psychotherapeuten auf die analytische Situation, den Patienten, dessen Struktur und Verhaltensweise in der Analyse.“ [17] Und dazu noch einmal *Freud:* „Wir sind auf die Gegenübertragung aufmerksam geworden, die sich beim Arzt durch den Einfluß des Patienten auf das unbewußte Fühlen des Arztes einstellt, und sind nicht weit davon, die Forderung zu erheben, daß der Arzt in sich diese Gegenübertragung erkennen und bewältigen müsse. Wir haben seitdem eine größere Anzahl von Personen, die Psychoanalyse üben und ihre Erfahrungen untereinander austauschen, und bemerkt, daß jeder Psychoanalytiker nur so weit kommt, wie seine eigenen Komplexe und inneren

---

[17] Riemann, Bedeutung und Handhabung der Gegenübertragung, in: ZpM, 1960, H. 2, S. 123 f.

Widerstände es gestatten. Daher verlangen wir, daß er seine Tätigkeit mit einer Selbstanalyse beginne und diese, während er seine Erfahrungen an Kranken macht, fortlaufend vertiefe. Wer in einer solchen Selbstanalyse nichts zustande bringt, mag sich die Fähigkeit, Kranke analytisch zu behandeln, ohne weiteres absprechen."[18] Dies ist eine klare und eindeutige Haltung, die bis heute die Grundlage jeder psychoanalytischen Behandlung geblieben ist.

In den anderen Gesprächssituationen, an die diese Forderung nicht gestellt werden kann, liegen die Dinge komplizierter. Zunächst kommt es einmal darauf an, das Ineinander-Verschränktsein von Übertragungs- und Gegenübertragungsäußerungen einigermaßen zu entwirren. *C. G. Jung* hat vor allen Dingen darauf hingewiesen, daß dieses Verschränktsein von Übertragung und Gegenübertragung in der Gesprächssituation häufig „eine aufs peinlichste berührende und unwirkliche Intimität schafft"[19], welche beiderseits Widerstand und Zweifel hervorruft. Denn Übertragung und Gegenübertragung erzeugen „vermittels ihrer Projektion eine illusionäre Atmosphäre, die entweder zu beständigen Mißdeutungen und Mißverständnissen Anlaß gibt oder umgekehrt eine geradezu verblüffende Harmonie vortäuscht, wobei letzterer Fall noch bedenklicher ist als ersterer"[20]. Diese Möglichkeit dürfte vor allem auch da eintreten, wo der Ratsuchende mit dem Phänomen Schuld konfrontiert wird, denn damit tritt das Anderssein des Gegenübers nur um so deutlicher hervor, und das Unbewußte versucht dann in der Regel, durch eine Steigerung der Attraktion die bestehende Distanz zu überbrücken[21]. Hier verbergen sich also die „heimlichsten, peinlichsten, intensivsten, zartesten, schamhaftesten, ängstlichsten, unmoralischsten und zugleich die heiligsten Gefühle"[22].

Vielleicht darf in diesem Zusammenhang noch auf einen typischen Zug der Verschränkung von Übertragung und Gegenübertragung hingewiesen werden, der in der Seelsorge besonders häufig aufzutreten pflegt. Es handelt sich um eine Erscheinung, die in der Sprache der Psychotherapie als masochistischer Triumph bezeichnet wird und deren Erforschung wir vor allen Dingen der amerikanischen Psychotherapie verdanken[23]. Neh-

[18] Freud, Gesammelte Werke, Bd. VIII, S. 108.
[19] Jung, Psychologie der Übertragung, S. 23.
[20] Ebd., S. 38.
[21] Ebd., S. 127.
[22] Ebd., S. 25.
[23] Fromm-Reichmann, Intensive Psychotherapy; Horney, The Problem of the Negative Therapeutic Reaction, in: Psychoanalytic Quarterly 1936, und: Neurosis and Human Growth, 1951, S. 201 ff.

men wir an, ein Mensch hat in seinem Verhältnis zu den Eltern die Erfahrung gemacht, daß es ihm nur durch Leiden möglich ist zu herrschen. Nicht-mehr-leiden-Sollen gefährdet die an das Leiden gekoppelten Ansprüche nach Liebe und Versorgtheit. Jene einmal erworbene Einstellung wird nun auch auf andere Lebenssituationen übertragen und setzt somit in vielen Fällen einen solchen Menschen in die Lage, auch dem Seelsorger gegenüber seine Ansprüche auf Liebe und Geborgenheit durch Leiden, durch irgendeine seelische und auch geistige oder geistliche Not, die hartnäckig festgehalten wird, durchzusetzen. *Franz Heigl* hat darauf hingewiesen, daß einem solchen Übertragungsphänomen auf seiten des Psychotherapeuten sehr häufig als Gegenübertragungsäußerungen ein tiefes Unbehagen gegenübersteht, das sich bis zur Angst steigern kann[24]. Vor allem der Seelsorger scheint besonders gefährdet zu sein, einer solchen Gegenübertragungsangst zu verfallen. Er wird dann versuchen, dem Leidenswillen des Ratsuchenden entweder durch gutes Zureden oder Beschwichtigungsversuche entgegenzutreten oder sich zu einem verstärkten Einsatz seiner Bemühungen veranlaßt sehen, der nicht selten die dem seelsorgerlichen Verhältnis nun einmal gesetzten Schranken und Grenzen durchbricht. Der einzige Erfolg dieser gutgemeinten Anstrengungen wird darin bestehen, daß das Unbewußte des Ratsuchenden zu immer größeren Forderungen angespornt wird und immer weitergehende masochistische Triumphe feiert. Der Seelsorger weiß sich dann oft gar nicht anders zu helfen, als daß er nach einer Zeit der intensiven Bemühung das Verhältnis abrupt abbricht. Der Ratsuchende hat einmal mehr das Kind-Eltern-Verhältnis erlebt und verfällt einer tiefen Resignation: „So sind die Menschen eben, auch die von der Kirche." Ein solches Enttäuschungserlebnis wird ihn immer tiefer in die Verzweiflung führen, die den Zugang zu der Welt des Glaubens, in der er vielleicht hätte Hilfe finden können, endgültig versperrt. Unser gutes Herz und unser Helferwille reichen hier nicht aus. Vielfach lassen wir uns durch Gutherzigkeit und das, was wir als Liebe bezeichnen, dazu verführen, Dinge zu tun, denen wir nicht gewachsen sind. Es wäre besser, hier die eigene Grenze zu sehen und nicht einem sich selbst überfordernden Helferwillen zu verfallen.

3. Die interpersonale Dynamik im Seelsorgegespräch

Wenden wir uns nun der Frage zu, wie im Seelsorgegespräch die Phänomene von Übertragung und Gegenübertragung zu behandeln sind. Konnte sich der Seelsorger angesichts der Aufgabe, Übertragung und

[24] Heigl, Die Gegenübertragungsangst und ihre Bedeutung, in: ZpM 1959, H. 3, S. 32.

Gegenübertragung zu erkennen und im Laufe seines Beratungsprozesses zu berücksichtigen, noch auf grundsätzlich gleichem Boden fühlen wie der Psychotherapeut, so fehlen ihm doch die Voraussetzungen, um zu einem technisch sauberen Einsatz dieser Erkenntnisse zu gelangen. Er befindet sich in einer ungleich schwierigeren Situation als der Psychotherapeut. Diesem bietet seine psychotherapeutische Technik, die er beherrschen muß, ehe er sich auf eine Behandlung einläßt, eine relativ eindeutige Methodik. Er kann in Ruhe und Gelassenheit unter Wahrung der analytischen Abstinenz abwarten, bis sich die Übertragung zu voller Blüte entfaltet hat. Es stehen ihm zu einer solchen Entwicklung häufig 50 bis 100 Behandlungsstunden zur Verfügung. Auf Grund seiner Ausbildung und Erfahrung vermag er dann in der Regel, die wahre Bedeutung der Übertragung zu erkennen und sie schrittweise dem Patienten zu interpretieren. In dem Maße, in dem der Patient diese Übertragungserscheinungen versteht und ihre Deutungen übernimmt, lösen sie sich von selber auf, ihr illusionärer Charakter wird offenbar. Seine eigenen Gegenübertragungsäußerungen kann der Psychotherapeut auf Grund seiner Lehranalyse und der fortwährenden unendlichen Analyse seiner eigenen Person übersehen und kontrollieren.

Der Seelsorger befindet sich hingegen in einer völlig anderen Situation. Ihm steht keine eindeutige Technik zur Verfügung. Er hat als Hilfsmittel in der Regel keine Analyse seiner eigenen Person hinter sich. Der Weg, den die Psychotherapie geht, ist ihm von der Sache her verwehrt und versperrt. Soweit ich es sehe, gibt es auch in der Literatur noch keine intensive Auseinandersetzung mit dem Phänomen. Einige neue Lehrbücher weisen auf das Faktum hin, bieten aber keine befriedigende Lösung der damit gestellten Probleme. So richtig die in diesem Zusammenhang gelegentlich gestellte Forderung ist, die zum Seelsorger hergestellte Übertragungsbindung müsse in eine auf den Glauben gegründete Bindung an Gott verwandelt werden, so schwer ist jedoch Auskunft darüber zu erhalten, wie dies im einzelnen zu geschehen habe. Hier scheinen mir aber die eigentlichen Schwierigkeiten zu liegen, vor denen man auf die Dauer nicht die Augen verschließen kann. Lösungen und Rezepte können in diesem Zusammenhang nicht angeboten werden. Es können nur einige Grundlinien aufgezeigt werden, die eventuell Lösungsmöglichkeiten in sich schließen können.

Wir haben gesehen, daß wir dem dynamischen Spiel von Übertragung und Gegenübertragung nicht entgehen können. Wir brauchen die Übertragung auch in jeder Gesprächsbeziehung. Wir brauchen ein Stück Gefühlsbeziehung zwischen Seelsorger und Ratsuchendem, wenn das Gespräch nicht auf einer völlig abstrakten, intellektualistisch verengten Ebene verbleiben soll. Man könnte jedoch versuchen, die Übertragungsphänomene nicht unnötig zu verstärken, d.h. sie auf ein der seelsorgerlichen Situation angemessenes Maß zu beschränken. Dazu kann man einige Gesichtspunkte nennen: Je mehr Aufhänger wir für eine Übertragung bieten, desto stärker wird sie sich entwickeln. Je stärker wir bereits am Anfang unsere eigenen Geschmacksurteile, Werturteile und persönlichen Einstellungen darbieten, um so mehr Anknüpfungspunkte findet der Ratsuchende für seine unbewußten psychischen Bedürftigkeiten. Dabei spielt es grundsätzlich keine Rolle, ob die Übertragung positiver oder negativer Art ist. Auch mit einer ausgesprochen negativ getönten Übertragungsbeziehung kann im Laufe einer seelsorgerlichen Beziehung etwas angefangen und begonnen werden. Sie braucht nicht unbedingt zum Abbruch des Gesprächs zu führen.

Die große Schwierigkeit für den Seelsorger scheint mir die zu sein, daß er eine Doppelfunktion auszuüben hat. Er muß nämlich auf der einen Seite Partner des Ratsuchenden sein. Auf der anderen Seite muß er aber auch Vertreter der Realität sein. Wenn ich nur Partner eines anderen Menschen bin, dann hat der Ratsuchende vielleicht ein starkes Gemeinschaftserlebnis, eine wunderbare gefühlshafte Bindung, eine schöne Beziehung. Aber wir müssen uns darüber im klaren sein, daß diese Beziehung nie genau das sein kann, was der Ratsuchende wünscht und was er aus ihr machen möchte. Er möchte seine unbewußte Bedürftigkeit und das, was der Seelsorger ihm an Partnerschaft zur Verfügung stellt, ganz zur Deckung bringen. Je infantiler und gestörter er ist, desto weiterreichender werden seine Wünsche in dieser Beziehung sein. Der Wunsch überflutet die Wirklichkeit und kann sich soweit steigern, daß er unerfüllbar wird. Der Seelsorger kann ihm nicht das bieten, was er wünscht, denn er ist nun einmal nicht sein Vater, sein Bruder, seine Schwester oder ihr Geliebter bzw. seine Geliebte. Vielmehr ist der Seelsorger auch Vertreter der Realität, in der dieser Mensch steht und mit der er sich auseinandersetzen muß und in die er nach der Begegnung zurückgehen muß.

Zwischen diesen beiden Polen scheint sich mir methodisch der seelsorgerliche Auftrag zu bewegen. Wir können dem Ratsuchenden keine schrankenlose Zuwendung bieten, sondern wir sollten ihm vom ersten Gespräch an klarmachen, daß es sich um eine Partnerschaft auf Zeit handelt, die einmal abgebrochen werden muß, und daß die Partnerschaft, die wir zu bieten haben, eine durchaus partielle ist. Damit bringen wir die Realität ins Spiel.

Nun gibt es in der Seelsorge auch immer wieder Menschen, die die Intensität der Zuwendung zu steigern versuchen, die den Kontakt immer enger gestalten wollen, die etwa Wünsche nach einem Hausbesuch aussprechen, die über intimere Lebensgebiete sprechen wollen oder die gar zu gemeinsamen Unternehmungen auffordern. Hier stellt sich die Frage nach der Dosierung der Zuwendung. Wenn man sich auf eine seelsorgerliche Beziehung einläßt, die unter Umständen über einen längeren Zeitraum gestaltet werden muß, so ist es in jedem Falle vorteilhaft, die einzelnen Begegnungen von vornherein zeitlich zu begrenzen. Die Erfahrung zeigt, daß ein Richtmaß von etwa 50 Minuten als eine Hilfe zur Orientierung dienen kann. Es gibt Seelsorger, die sich brüsten, daß sie drei-, vier- und noch mehrstündige Nachtgespräche führen. Es ist aber sehr zu bezweifeln, ob in solchen Gesprächen die Realität in ausreichender Weise vertreten bleibt.

Wenn wir die interpersonale Dynamik im Seelsorgegespräch mit den beiden Stichworten „Partnerschaft“ und „Realität“ zu bezeichnen versuchten, so heißt dies, daß versucht werden sollte, beide damit angedeuteten Haltungen in eine dialektische Beziehung zueinander zu bringen. Kommt es zu einer Verabsolutierung des Poles „Partnerschaft“, stimulieren wir in der Regel lediglich die oftmals infantilen Wünsche und Bedürfnisse. Wir geraten in die Rolle eines unkritischen Bedürfnisbefriedigers, und eine solche Verwöhnungshaltung pflegt erfahrungsgemäß nur immer weitergehende Wünsche auszulösen, weil sie dem Seelenleben des Ratsuchenden ermöglicht, in eine rückwärts gerichtete Empfindungsbewegung, eine Regression, zu flüchten, die in einer Wiederbelebung der abgelebten Wünsche und Sehnsüchte der Vergangenheit besteht.

Kommt es zur Verabsolutierung des Poles „Realität“, könnte der Eindruck entstehen, als ginge es in der Seelsorge lediglich um eine ebenso unkritische Anpassung an die Gegebenheiten seiner Lebensumstände einschließlich ihrer gesellschaftlichen Bedingtheiten. Wir müssen aber oft genug die Wünsche, Bedürfnisse und Sehnsüchte des Ratsuchenden in ihrer grundlegenden Berechtigung anerkennen, das heißt, ihm gegen seine Umwelt, gegen die gesellschaftlichen Bedingungen, unter denen er lebt, recht geben. Ihm fehlen nur in der Regel die Möglichkeiten, diese seine Realität so zu verändern, daß er ein menschenwürdiges Leben zu führen vermag. Deswegen sucht er oft genug den Seelsorger auf, und dessen Aufgabe würde dann darin bestehen, ihm dazu zu helfen, seine Wünsche im Sinne einer angemessenen Realitätsveränderung einzusetzen. Die psychoanalytische Theorie bezeichnet diese Fähigkeit als „Ich-Funktion“ und stellt sie in Gegensatz zur reinen Bedürfnisbefriedigung, die das

„Es“ erzwingen will, und in Gegensatz zur reinen Anpassung, die durch das „Über-Ich“ gefordert wird.

Eine solche Stärkung der kritischen Ich-Funktionen bedeutet deshalb nicht einen totalen Verzicht auf irgendwelche Überzeugungen seitens des Seelsorgers. Wenn dies die Grundhaltung und Grundeinstellung sein würde, schiene mir ein wirkliches Gespräch gar nicht mehr möglich. Wir würden dann nur zum Echo der Vorstellungen und Meinungen des Partners, und daran zerbricht und scheitert ein Gespräch auch früher oder später. Wenn jemand einen Pfarrer aufsucht, so tut er das ja nicht nur in der Absicht, seine eigenen Vorstellungen in einer Art Spiegelfunktion wieder vorgesetzt zu bekommen, sondern er tut es ja auch in einer gewissen Bereitschaft, eventuell eine Korrektur bereits vorhandener Einstellungen und Vorstellungen in Kauf zu nehmen. Allerdings sollte eine solche Orientierungshilfe, die wir dem anderen schuldig sind und die uns dazu zwingt, daß wir über grundsätzliche Probleme des menschlichen Lebens tatsächlich eine eigene Meinung haben, nicht zu vorschnell eingesetzt werden. Sie sollte allenfalls als ein Angebot, als ein Vorschlag erst dann im Gespräch eingesetzt werden, wenn wir sicher sind, daß die Fragestellung unseres Gegenübers wirklich ein Stück weit verstanden wurde. Es besteht ganz sicher eine Gefahr, daß wir Fragen, die uns vom Ratsuchenden gestellt werden, kurzschlüssig beantworten. Es ist immer wichtiger, den Fragenden zu beantworten als die Frage, und oftmals kann die Wichtigkeit und der Umfang einer solchen Frage erst erkannt werden, wenn die im Hintergrund stehende Problematik aufgedeckt wurde. Oft zeigt sich dann, daß sie ganz anders beantwortet werden mußte, als man das dem ersten Impuls nach getan hätte.

Das gleiche gilt von dem Erzählen eigener Lebenserfahrungen. In aller Regel nützt es nicht sehr viel, denn was mir in einer bestimmten Situation geholfen haben mag, muß noch keineswegs einem anderen Menschen in einer anderen Situation helfen, auch wenn sie vielleicht sehr ähnlich ist. Hier ist in jedem Fall äußerste Zurückhaltung am Platze. Vor allen Dingen aber sollte man sich intensiv fragen, warum man dazu neigt, bestimmte Erlebnisse seines Lebens immer wieder zur Sprache zu bringen. Vielleicht verbirgt sich hier eine eigene unbewußte Bedürftigkeit, und wir mißbrauchen den anderen dazu, diese unsere eigene Bedürftigkeit zu befriedigen.

Damit stehen wir vor dem entscheidendsten Gesichtspunkt dieses ganzen Problems. In einem Seelsorgegespräch kann methodisch praktisch alles erlaubt sein, wenn man sich darüber im klaren ist, warum es getan wird. So muß die interpersonale Dynamik eines solchen Gespräches vor allem von der Gegenübertragung her erhellt und durchleuchtet werden.

4. Die Frage der kritischen Selbstprüfung des Seelsorgers

Im Blick auf die Gegenübertragung des Seelsorgers kann wohl kaum die generelle Forderung erhoben werden, daß jeder Seelsorger durch eine ausführliche Lehranalyse Herr über sämtliche Möglichkeiten seiner Gegenübertragungsäußerungen geworden sein muß. Trotzdem bleibt die Forderung, daß er sie einigermaßen zu kontrollieren habe. Der Psychotherapeut kann keine psychotherapeutische Behandlung durchführen, wenn er sie nicht zunächst an seiner eigenen Person erfahren hat. Diejenigen, die in einen Beratungsprozeß hineingestellt werden, haben zunächst in einer Art Lehrberatung, Beratung an der eigenen Person erfahren, und hie und da wird die Forderung erhoben, nur der könne Seelsorge treiben, der selbst in einer seelsorgerlichen Beziehung stehe. Damit ist eine außerordentlich schwierige Forderung erhoben. Aber man wird schwerlich von dem Grundsatz abgehen können, daß ein Optimum an schöpferischer Tätigkeit nur dann erreicht wird, wenn es auch eine Möglichkeit zur fruchtbaren Selbstkritik gibt. An diesem Punkt bietet die herkömmliche Struktur des Gemeindepfarramtes für den Seelsorger besonders wenige Möglichkeiten. Er sollte aber zur Kenntnis nehmen, daß es eine außerordentlich große Hilfe für die seelsorgerliche Gesprächsführung sein kann, wenn es ihm gelungen ist, die Schattenbereiche seines eigenen Lebens so weit einer Klärung zuzuführen, daß sie sich nicht störend in andere seelsorgerliche oder beratende Beziehungen eindrängen. Dies bedeutet ganz gewiß nicht so etwas wie eine moralische Vollkommenheit oder das Streben nach einer Überlegenheit. Wir müssen uns aber darüber klar sein, daß wir die Gesprächssituation mißbrauchen, wenn wir sie für die Befriedigung der eigenen ungestillten Wünsche und Sehnsüchte unter dem Deckmantel der Hilfe ausnutzen und damit einen Ratsuchenden zum Objekt, wenn auch noch so sublimer Wünsche und Bedürfnisse, machen.

Für denjenigen, der an einer institutionellen Beratungsstelle arbeitet, bietet die Teamarbeit die stärkste Hilfe. Sie bürgert sich aber für den Pfarrer besonders schwer ein, weil sie die Bereitschaft zur kritischen Selbstprüfung auch in einer Gruppe einschließt, und dazu können wir uns nur sehr schwer verstehen. Am geeignetsten zur Seelsorge ist sicherlich der, der verstanden hat, seine Lebensproblematik ohne die Lebenslüge der Verdrängung zu lösen. Auf dem Wege der Verdrängung kann es oft gelingen, einen nach moralischen Maßstäben einwandfreien Lebenswandel zu führen. Aber alle unakzeptierten Wünsche und Regungen, die aus dem Bewußtsein verbannt sind und nun im Unbewußten eine unheimliche Schattenexistenz führen, lauern nur darauf, sich zu entladen und können zu Kurzschlußhandlungen führen, wenn in einer Begegnung die Kräfte des Unbewußten gefordert sind. Jede zwischenmenschliche Situation im Gespräch fordert jedoch die Kräfte des Unbewußten. Deshalb muß die Forderung erhoben werden, sich nach jedem Gespräch mit radikaler Ehrlichkeit auch zu peinlichen und verwerflichen Regungen zu bekennen, statt diese zu verdrängen. Es ist nämlich eine psychologische Erfahrungstatsache, daß die Stärke von Trieb- und Wunschregungen, die vom Bewußtsein nicht zugelassen werden, keineswegs abnimmt, wenn man sie aus dem Bewußtsein verbannt, sondern im Gegenteil zunimmt und gefährliche emotionale Explosionsherde im Unbewußten bildet. So gilt auch für diese Situation der Satz von *C. G. Jung*, daß man „dem Bewußtsein jene Einstellung zu geben habe, die es dem Unbewußten erlaubt, zu kooperieren, anstatt zu opponieren"[25].

Welche Hilfsmittel gibt es daher, um zu einer solchen Einstellung zu finden? Es soll im folgenden versucht werden, wenigstens andeutungsweise die Richtung zu bestimmen, in der eine kritische Selbstprüfung in Gestalt von einigen Fragen an die eigene Motivation liegen könnten. Jeder, der sich auf persönliche Gespräche einläßt, sollte sie sich immer wieder stellen, um so in einen fortlaufenden Prozeß zu kommen, der am besten zu fortlaufenden Kontrollgesprächen mit einem Kollegen, einer Art „Supervision", führen sollte, oder in einem Gruppenprozeß besprochen werden kann, wie er neuerdings im Bereich der klinischen Seelsorgerausbildung oder der pastoralpsychologischen Fortbildung geboten wird. Selbstverständlich sollten diese Fragen nicht als schematische Stereotypen moralistisch oder gar im Sinne der Illustriertentests mißverstanden werden. Sie können nur eine Richtung markieren:

1. Welche Erwartungen hege ich dem Ratsuchenden gegenüber? Es wird heute sehr viel darüber gesprochen, daß es eine Berufskrankheit der Menschen gebe, die in der sozialen Arbeit stehen, und diese Berufskrankheit sei die Verbitterung. Es ist ja auch leicht einsehbar, daß ein Mensch verbittert, der sein ganzes Leben lang in einer Arbeit steht, in der er immer wieder Enttäuschungen erlebt, weil seine gutgemeinten Versuche, Menschen zu helfen, ständig scheitern. Und es ist eine Frage der psychischen Hygiene, wie er damit fertig werden soll. Es ist völlig einsehbar,

[25] Jung, Psychologie der Übertragung, S. 22.

daß auf die Frage, was ich von dem Ratsuchenden erwarte, zunächst der Wunsch zu helfen das Motiv für jedes seelsorgerliche Gespräch abzugeben hat. Aber könnten bei diesem Wunsch nicht auch Erwartungen mitspielen, die andeuten, daß uns diese Hilfestellung entschädigen soll für so manches, was wir sonst im Leben entbehren müssen, daß uns jene doch oftmals auch außerordentlich befriedigenden Gespräche für all das entschädigen sollen, was sich in unserem Leben nicht erfüllt hat? Hier muß man sich fragen, ob man in der Lage ist, die Enttäuschungserlebnisse, die auch jedes Gespräch zwangsläufig mit sich bringt, wirklich auf die Dauer ertragen und verarbeiten zu können. Denn mit der Berufskrankheit der Verbitterung kommt die Skepsis anderen Menschen gegenüber, die uns nichts Positives mehr erwarten läßt. Wenn wir uns noch einmal die Zirkelstruktur jedes Gespräches vor Augen führen, dann wird deutlich, daß diese unbewußte Skepsis des Seelsorgers sich auch auf den Ratsuchenden übertragen wird. Tatsächlich kommt es nämlich — vor allen Dingen bei einer über einen längeren Zeitraum bestehenden Gesprächsbeziehung — zu einer Kommunikation zwischen dem Unbewußten beider Partner, und wir erleben immer wieder das Überraschende, daß die Erwartungen, die wir einem anderen Menschen entgegenbringen, tatsächlich sein Verhalten beeinflussen.

2. Warum muß ich mich unentbehrlich machen? Damit ist die Gefahr einer aufdringlichen Hilfsbereitschaft bezeichnet. Sie gibt es überall und in allen Berufen, vor allem aber auch beim Seelsorger, der ja unter einer besonders großen Verpflichtung steht, dem Menschen, der in einer gewissen Hilflosigkeit zu ihm kommt, das abzunehmen, was dieser vielleicht selbst tun könnte. Wer in besonderer Weise die Dankbarkeit von Menschen, die in ihrer Not zu ihm kommen, genießt, der sollte sich fragen, ob er nicht ein besonders starkes, unbefriedigtes Bedürfnis nach Zuwendung aus seiner Kindheit befriedigen muß, so daß er gegenwärtige Gesprächssituationen dazu ausnützt, diese Mängel zu kompensieren.

3. Wo liegt der Bereich, auf dem ich in besonderer Weise zu Verdrängungen neige? Wir stehen in unserer Gesellschaft immer noch in einem Prozeß der Umwandlung der Einstellung zur Triebhaftigkeit. Wenn man sich den Duktus der Seelsorgebücher vor einem Jahrhundert vor Augen führt, wo der Seelsorger darauf aufmerksam gemacht wird, was für entsetzliche Greuel er unter dem Volke zu sehen und zu hören bekommen werde, dann wird deutlich, mit welcher Selbstverständlichkeit hier vorausgesetzt wird, daß er selber, der Herr Pfarrer, von diesen Greueln völlig frei ist. Auch heute gibt es unter uns immer noch jene Haltung der

absoluten Sicherheit, die so sicher ist, daß verwerfliche Regungen, die man bei anderen beobachtet, bei einem selbst nicht vorkommen, überhaupt nicht im Bereich des Möglichen liegen, überhaupt keine Rolle spielen und deshalb völlig außerhalb der Betrachtungsweise liegen. Wenn wir auch dem Bereich der Sexualität gegenüber zu einer realistischeren Einstellung gekommen sind, so erscheint mir diese Einstellung etwa dem Bereich der Aggression gegenüber noch sehr unvollkommen gewandelt zu sein, und wir müssen noch sehr viele unbewußte Bereiche der eigenen seelischen Einstellung aufarbeiten.

4. Haben wir es nötig, der Homosexualität gegenüber eine besondere Abwehrhaltung einzunehmen? Der Mensch ist psychisch wie physisch doppelgeschlechtlich angelegt. Wir alle tragen beide Geschlechtsmöglichkeiten im Ansatz in uns. Es ist die besondere Aufgabe von Kindheit, Jugend und Reifezeit, in die Rolle des Mannes und in die Rolle der Frau hineinzufinden. Es bleiben dabei immer die gegengeschlechtlichen Anteile in unserer Person vorhanden. Sie werden nur weithin ins Unbewußte abgeschoben. Die Notwendigkeit einer besonders starken Abwehr auf diesem Gebiet kann sich selbstverständlich auch sehr störend in ein Beratungsverhältnis eindrängen. Bisher wird diesem Aspekt überhaupt keine Aufmerksamkeit zugewandt. Man gesteht zwar ein, daß zwischen einem Mann und einer Frau in einem seelsorgerlichen Gespräch Verzerrungen und Verschiebungen durch die Sexualität eintreten können, aber man berücksichtigt überhaupt nicht, daß dies auch zwischen gleichgeschlechtlichen Partnern möglich ist. Es gibt sehr sublime Formen homoerotischer Begegnungs- und Beziehungsmöglichkeiten, und sie werden uns öfter als wir erwarten von Ratsuchenden entgegengebracht. Wir sollten uns deshalb bewußt mit ihnen auseinandersetzen. Dazu muß man die eigenen Empfindungen in dieser Richtung auch ein wenig kennen und sich bewußtgemacht haben.

5. Warum muß ich zu allen Leuten so lieb sein? Gerade die seelsorgerliche Situation wird immer wieder unter der Verpflichtung stehen, daß es hier möglichst freundlich, liebevoll, väterlich oder mütterlich zuzugehen habe. Wenn es sich der Seelsorger nicht erlauben kann, ein Beratungsgespräch abzubrechen, wenn die Zeit dazu gekommen ist, oder einen Standpunkt zu beziehen, wenn dies nötig ist, dann liegt die Vermutung nahe, daß seine Unfähigkeit, nein sagen zu können, mit ungelösten Schuldgefühlen in Verbindung steht. Sie können uns dazu zwingen, daß wir eine konsequente Einstellung nicht recht durchhalten können, sondern immer wieder darum bemüht sind, uns anzugleichen

und dem Ratsuchenden entgegenzukommen. Seine Erwartungen werden so stark zum Maßstab, daß wir uns nicht getrauen, ihn zu vergrämen, damit wir ihn nur ja nicht verlieren und damit er uns seine Zuneigung nur ja nicht entziehen möge.

6. Warum bin ich eigentlich so gesetzlich in meinen Gesprächen? Die genau umgekehrte Erfahrung werden wir natürlich auch machen, daß das Gespräch an bestimmte Punkte kommt, wo wir meinen, hier müßten wir aber nun sehr deutlich und massiv sagen, was recht und unrecht ist und gleichsam dem Betreffenden das Gesetzbuch um die Ohren schlagen. Hier wird man sich wohl die Frage nach der eigenen ungelösten Aggression stellen müssen. In jedem gesetzlichen Wesen in der Gesprächsführung steckt immer ein Stück Aggression, die nur unserer Persönlichkeitsstruktur entsprechend verschieden verdeckt und maskiert ist.

7. Warum fühle ich mich eigentlich zu den seelisch Schwächeren so stark hingezogen? In der seelsorgerlichen Gesprächsführung muß man damit rechnen, daß wir mit Leuten zu tun haben, die seelisch schwach sind, die mit ihrem Leben selbst nicht fertig werden. Hier taucht die ungeahnt große Möglichkeit des Herrschens durch Helfen auf. Es stellt dies eine Möglichkeit dar, die sehr häufig wahrgenommen wird. Gerade derjenige, der sonst wenige Möglichkeiten hat, Herrschaftsgelüste abzureagieren, wird sich sehr davor hüten müssen, sich gerade den seelisch Schwächeren als Partner auszusuchen.

8. Warum finde ich andere Menschen so interessant? Es mag mit zu den Motiven des Pfarrerberufes gehören, daß man Menschen so unsagbar interessant findet, daß man fasziniert ist von dem Gedanken, immer wieder Menschen vor sich zu haben, immer wieder vor der Aufgabe zu stehen, in einen Menschen einzudringen und ihn zu erfassen. Es mag ein wenig abwegig klingen, wenn man diesen Forscherdrang auch auf seine Wurzel in der frühen Kindheit zurückzuführen sucht. Aber es läßt sich sicher nachweisen, daß ein sehr starkes, unbewußtes Motiv, den Forscherdrang auf andere Menschen zu richten, darin besteht, daß man selbst in der frühen Kindheit in seinen Sexualforschungen gehindert wurde. Es gibt Erfahrungen aus der Psychoanalyse junger Theologen, bei denen diese Leitidee unbewußt die gesamte Berufswahl bestimmt hat.

Damit hätten wir versucht, einige typische Grundeinstellungen in den Griff einer kritischen Selbstprüfung zu bekommen, damit sie in der interpersonalen Dynamik des Gesprächs nicht unbewußt und unerkannt eine verzerrende Rolle spielen.

Wenn im folgenden aus der Praxis einige typische Verhaltensweisen von Ratsuchenden geschildert werden, dann keineswegs in der Absicht einer irgendwie gearteten Typologie, sondern um zu zeigen, wie stark die Vorerfahrungen eines Ratsuchenden sein Verhalten prägen. Damit wird die Beobachtung des übertragungsbedingten Verhaltens der sicherste Weg dazu, unsere Vermutungen über mögliche Korrekturen einzuordnen und zu fundieren.

5. Einige typische Verhaltensweisen als Indikatoren der interpersonalen Dynamik im Gespräch (Fallstudien)

a) Die Provokation

Es erscheint ein junger Mann in der Beratung, der sofort versucht, den Berater in seinen Kampf um das Recht einzuspannen. Er befindet sich in großen Spannungen zu seiner vorgesetzten Behörde. Er hatte in einer ganzen Reihe verschiedener beruflicher Positionen Schwierigkeiten mit Vorgesetzten bekommen, so daß diese schließlich den Eindruck gewannen, bei dem Betreffenden stimme etwas nicht. Pädagogisch war es gewiß sehr unklug, ihm die Weisung zu geben, er möge eine Beratungsstelle aufsuchen. Er kam bereits mit einer gewissen Protesthaltung und versuchte dem Berater darzulegen, wieso er im Recht und sämtliche Vorgesetzten im Unrecht seien. Der erste Krisenpunkt einer solchen Beratung besteht in der Gefahr, auf die Problematik so einzugehen, daß man sich auf die eine oder andere Seite drängen läßt. Beide Möglichkeiten sind falsch. Zunächst kommt es vielmehr darauf an, Interesse für den Ratsuchenden und seine Lebensgeschichte zu zeigen und ihm deutlich zu machen, daß man sich für ihn selber interessiert. Als das in dem geschilderten Fall geschah, änderte sich das Verhalten des Ratsuchenden. Er versuchte, den Berater in die Rolle eines autoritären psychologischen Dogmatikers zu drängen. Er hatte einige Bücher über Psychologie und Psychoanalyse gelesen und projizierte von daher psychologische Urteile in den Berater hinein. Dabei war überhaupt kein psychologisches Wort gesagt worden, aber der junge Mann stand unter einem gewissen psychischen Zwang, seinem Gegenüber beweisen zu müssen, daß er im Unrecht sei. Als auch das nichts fruchtete und der Berater sich während mehrerer Sitzungen nicht aus der gleichmäßig schwebenden Aufmerksamkeit und Freundlichkeit herausmanövrieren ließ, wurde er unpünktlich, kam einige Stunden überhaupt nicht oder erschien zu einer anderen Zeit, als es vereinbart war und verursachte dadurch eine Reihe von Schwierigkeiten, die alle darauf abzuzielen schienen, den Berater dazu zu provozieren, ihn abzulehnen oder zu verurteilen.

Eine genauere Analyse dieses merkwürdigen Verhaltens zeigt, daß es mit dem Berater wenig zu tun hatte, sondern als das Ergebnis einer Vater-Übertragung zu werten ist. Der Vater war Nazi gewesen und nach dem Zusammenbruch aus seinem Amt entfernt worden. Einige Jahre danach war er gestorben. Er hatte aber den Rest seines Lebens ausschließlich darauf verwandt, um sein vermeintliches „Recht" zu kämpfen. Der Sohn hatte sich oberflächlich von den Lebensanschauungen des Vaters abgesetzt, war unbewußt jedoch mit ihm identifiziert und versuchte so, dessen Kampf gegen alle Welt weiterzukämpfen. Später wurde hinter der Vateridentifizierung auch noch eine Rachetendenz gegenüber dem Vater deutlich. Dieser war ein harter, sehr herrschsüchtiger Mann gewesen, der nur mit Kanonenstiefeln herumgelaufen war und in seiner Gemütskälte dem Sohn unendlich viel Leid angetan hatte. Hätte man die Herausforderung, die der Ratsuchende dem Berater entgegenbrachte, auf sich bezogen, indem man vorschnell in die vordergründig vorhandene Problematik eingestiegen wäre, so wäre man vermutlich an die eigentlichen Nöte dieses Mannes niemals herangekommen.

b) Die Manipulation des Beraters

Die negative Übertragung kann soweit gehen, daß der Berater zu bestimmten Maßnahmen verleitet werden soll, die dann eine negative Gegenreaktion des Ratsuchenden erlauben. Ein junger Ehemann zeigte eine durchweg negative Einstellung zum Berater. Ständig fällte er negative Urteile, nie bekam man ein Lächeln, nie einen Augenkontakt des Einverständnisses mit ihm, immer stand man wie vor einer Mauer. Er wurde von großer Eifersucht gegenüber seiner jungen Frau geplagt, die in einem Büro arbeitete, wo sie zwei junge Männer als Chefs hatte. Jedes kleine Anzeichen einer Freundlichkeit oder Zuvorkommenheit eines dieser Chefs gegenüber seiner Frau machte den Mann krank vor Eifersucht. Plötzlich machte er dem Berater das überraschende Angebot, er möge doch bitte seine Frau zu sich bestellen, da er den Eindruck habe, daß auch sie gehört werden solle. Eine der zentralen Schwierigkeiten dieser Ehe bestand darin, daß die beiden vor der Eheschließung recht befriedigende sexuelle Kontakte miteinander gehabt hatten, daß sie jedoch mit der Eheschließung aufhörten und erhebliche sexuelle Störungen auftraten. Seitens des Mannes machten sie sich durch Impotenz bemerkbar, der Frau bereitete der Geschlechtsverkehr plötzlich sehr starke Schmerzen. Als nun die Bitte des Ratsuchenden, seine Frau auch zu bestellen, nicht erfüllt wurde, sondern er statt dessen aufgefordert wurde, zu erzählen, was er sich dabei vorstelle bzw. davon erhoffe und was ihm dazu einfiele, gestand er nach großer Verlegenheit folgendes aufschlußreiche Phantasiebild: Seine Frau ist zur Beratung im Sprechzimmer, er kommt von draußen angestürzt. Er findet die Tür verschlossen, tritt sie mit den Füßen ein und überrascht den Berater in einer verfänglichen Situation mit seiner Frau, worauf er ihn wortlos niederschlägt. Es wäre sicher ein Fehler gewesen, auf den Wunsch einzugehen, doch auch die Frau in die Beratung einzubeziehen. Die neuentstandene Situation hätte als Vorwand dienen sollen, um eine unerträgliche Aggression zum Durchbruch kommen zu lassen. Im Hintergrund stand die Erinnerung an einen wahrhaft fürchterlichen Vater, der Trinker war, die Mutter ständig prügelte und mit seiner ungeheueren Brutalität die ganze Familie tyrannisiert hatte.

c) Solidarisierungsversuche

Es gibt Beratungsfälle, in denen der Ratsuchende, wenn er zu einem gleichgeschlechtlichen Berater kommt, so etwas wie eine Solidarität unter Geschlechtsgenossen herzustellen bemüht ist. So benutzte ein älterer Mann, der mit dem Willen kam, sich scheiden zu lassen, ständig die Formel: „Ach, wissen Sie, wir sind ja unter uns Männern." Hier stellte sich nach einiger Zeit heraus, daß er seinen Willen zur Scheidung nicht verwirklichen konnte, weil er immer noch mit seinem sehr strengen, traditionsbewußten Vater identifiziert war. Im Versuch, sich mit dem Berater zu solidarisieren, muß das Bemühen gesehen werden, es dadurch zu einer Milderung seiner stark ausgeprägten Gewissensinstanz zu bringen. Er befand sich in einem außerordentlich großen Dilemma, weil er im Blick auf seine Ehe bereits Fakten geschaffen hatte. Er lebte nur eine Hälfte der Woche mit seiner Familie zusammen, einer sieben Jahre älteren Frau und drei fast erwachsenen Töchtern, während er die andere Wochenhälfte bei seiner um 20 Jahre jüngeren Geliebten verbrachte. Ihr hatte er ein Häuschen am Stadtrand gebaut und sie hatte ihm bereits zwei Söhne geboren. Das eigentliche Problem dieses Mannes muß in der Unfähigkeit gesehen werden, verantwortliche Entscheidungen zu fällen. Sie wäre durch eine Befriedigung seiner Solidarisierungswünsche gewiß nicht behoben worden.

In ähnlicher Weise kann der oft dezidiert ausgesprochene Wunsch vieler Ehefrauen, nur von einer „reiferen Frau" beraten zu werden, bei der sie sich dann vor allem in der Klage über die Männerwelt im allgemeinen wohlzufühlen scheinen, einen echten Fortschritt an Einsicht hemmen und verzögern.

d) Flucht in den Kontakt

Es gibt auch in der Beratungsarbeit betriebsame Menschen, die sehr leicht Kontakt bekommen, von denen man sehr schnell den Eindruck hat, daß sie wirklich im Leben stehen, daß sie die Dinge meistern und schnell bereit sind, offen zu sprechen. Aber oft zeigt sich nach einiger Zeit, daß der Kontakt nur sehr oberflächlicher Natur ist, gleichsam ohne Tiefgang. In einem solchen Beratungsfall, bei dem es sich sogar um einen berufsmäßigen Kontaktschließer handelte, einem Mann, der im kirchlichen Reisedienst stand und von Tagung zu Tagung fuhr, um Vorträge über Liebe und Ehe zu halten, während die vereinsamte Ehefrau in dem grenzenlosen Gefühl, alleingelassen zu sein, dem Selbstmord nahe war, stand diese Kontaktfreude ohne Tiefgang ganz im Vordergrund seines Verhaltens in der Beratung. Sobald man dies als modellartiges Indiz für sein sonstiges Verhalten benützte, stellte sich etwas sehr Interessantes heraus. Dieser Mann hatte in seiner Jugend eine ganze Menge von Mädchenbekanntschaften gehabt, die alle bis zu einem gewissen Punkt gingen, dabei in einer gewissen Unverbindlichkeit verblieben und dann fast panikartig abgebrochen wurden. Aber dann war er an ein Mädchen geraten, das den festen Vorsatz faßte, ihn zu heiraten und diesen Willen auch durchsetzte. Damit setzten aber die Schwierigkeiten ein, weil er jetzt aus der Unverbindlichkeit des Kontaktes herausgezwungen wurde und sich einem anderen Menschen stellen mußte. Dem wich er aber aus, indem er seine Reisetätigkeit aufnahm, die es nicht erlaubte, seine Frau an seinem Leben teilnehmen zu lassen. Er versuchte also, die Angst, die er vor einem tiefgehenden Kontakt hatte, dadurch zu bewältigen, daß er einem verantwortlichen Lebensgespräch mit seiner Frau beharrlich aus dem Wege ging. Nun stand er vor der Frage, sich scheiden zu lassen, da er ein anderes Mädchen kennengelernt hatte, mit dem er keinerlei geschlechtliche Beziehung hatte, von dem er aber meinte, daß er mit ihm zusammenleben könne. In diesem Fall konnte sein Verhalten in der Beratung dazu benutzt werden, ihm einsichtig zu machen, wie stark er unter einem Wiederholungszwang stand und daß er mit einer neuen Partnerin sich in spätestens 2 bis 3 Jahren in genau der gleichen Situation vorgefunden hätte wie jetzt.

e) Das Interesse an der Schuldfrage

Vor allem aus der Eheberatung kennen wir Eheleute beiderlei Geschlechts. die vorbildlich höflich sind, für die man sofort eingenommen ist, die mit ihren Argumenten den Eindruck erwecken, daß sie völlig recht haben. Bei einem Ehemann dieses Typs fiel dem Berater auf, daß ihm eins zu fehlen schien, nämlich das Auftauchen irgendwelcher Emotionen. Er stellte seine Problematik so dar, als ob es sich um eine wissenschaftliche Arbeit handele und seine Frau beschrieb er wie ein fremdartiges Insekt, das mit seinem Leben nichts zu tun hatte. Interesse zeigte er eigentlich nur an der eigenen Haltung der Gerechtigkeit und Redlichkeit seiner Frau gegenüber, die einen ganz anderen Typ darstellte. In die Beratungsstelle kam er eigentlich nur zu dem einen Zweck, um sich bestätigen zu lassen, daß seine Beurteilung der Dinge richtig sei. So sind viele Menschen brennend daran interessiert, am Anfang der Beratungsgespräche die Schuldfrage aufzurollen, in der Hoffnung, daß sich alles so darstellen läßt, daß der andere, der abwesende Partner, die Schuld bekommt. Diesem Interesse, am Anfang einer Eheberatung die Schuldfrage aufzurollen, sollte man geradezu schroff entgegentreten, bis hin zu der Behauptung: „Die Schuldfrage interessiert mich zunächst überhaupt nicht, sondern wir sollten zunächst einmal versuchen zu verstehen, was eigentlich in Ihrer Ehe geschieht und wie Sie miteinander umgehen." Sobald man das versucht, zeigt sich häufig die Situation in einem ganz anderen Licht und man sieht, daß auch hinter Gerechtigkeit und Distanziertheit ganz andere Probleme stehen können, die man wahrscheinlich nicht zu Gesicht bekommen würde, wenn man auf die anfängliche Haltung einginge.

f) Demonstratives Leiden

Es gibt Menschen, bei denen man den Eindruck gewinnt, daß der Betreffende seine Leidensgeschichte, die objektiv betrachtet tatsächlich eine furchtbare Geschichte sein kann, nur erzählt, um sich daran zu weiden. Man hat das Gefühl: davon lebt er eigentlich, daß er leidet und daß er diese Leiden auch darstellen kann. In einem Fall waren es ganz schwere körperliche Symptome, die schließlich zu einem Krebs mit tödlichem Ausgang führten, von denen eine Frau in der Beratung erzählte. Die Ehe schien nach außen hin ganz in Ordnung zu sein, aber der Mann floh in seine Arbeit, weil er die leidenschaftliche Leidensbereitschaft und den fast fanatischen Leidenswillen seiner Frau einfach nicht mehr ertrug. Man steht hier in der Gefahr, in eine Mitleidshaltung hineinzugeraten und diesem Mitleid auch deutlich Ausdruck zu verleihen. Damit aber ist nichts gewonnen, sondern im Gegenteil werden manche Chancen, die wir vielleicht bei einem solchen Menschen haben, verbaut. Denn diese Situationen kann der Betreffende bereits mühelos handhaben. Er hat es nämlich gelernt, durch Leiden Eindruck zu machen und durch Leiden andere Menschen zu ganz bestimmten Reaktionen zu zwingen. Damit engt sich die zwischenmenschliche Beziehung auf das Mitleid ein und alle anderen partnerschaftlichen Begegnungen und echten Gesprächsmöglichkeiten sind ausgeschlossen. Je sachlicher wir deshalb einem solchen Verhalten gegenüberstehen und je weniger wir uns hinreißen lassen zu ausgesprochenen Mitleidsäußerungen, um so größer ist die Chance, in Solidarität und Partnerschaft andere Lebensmöglichkeiten zu eröffnen als nur die beschriebene Leidensbereitschaft.

g) Infantilität

Da kommt ein Mensch in die Beratung, der sofort anfängt zu weinen und der die Beziehung mit Verzweiflungsausbrüchen eröffnet, bei denen als Refrain immer wiederkehrt: „Sagen Sie mir bitte, was ich tun soll. Ich will ja alles tun. Sagen Sie mir nur, was ich tun soll." Eine solche psychische Labilität erlaubt oftmals keinerlei geistige Gemeinschaft in den Lebensvollzügen, lediglich besteht ein übergroßes Bedürfnis, eine Autoritätsfigur, die einem irgendwo auf dem Lebensweg abhanden gekommen ist, neu zu gewinnen. Oftmals haben solche Menschen bereits Vater- oder Mutterfiguren geheiratet und versuchen nun, dem Berater die gleiche Rolle zuzuschieben: Er soll einer werden, der Anweisungen gibt, die dann natürlich doch nicht ausgeführt werden, der klare Verbote erläßt und Maßnahmen ergreift. Oft kann die Infantilität so weit gehen, daß nur eine psychotherapeutische Behandlung helfen kann. In der Seelsorge und Beratung wird das Bemühen um einen infantilen Menschen eine lange Zeit brauchen, in der wir es mit einer gewissen Unerbittlichkeit versuchen müssen, diesen Menschen kleine Schritte selber tun zu lassen. Wir sollten ihm nichts abnehmen, nichts für ihn tun, außer daß wir ihm immer wieder helfen, seine Situation in ihrem Drang nach rückwärts zu verstehen. Wir können ihm Lust zu einem selbständigen Durchdenken und Durchleuchten seiner problematischen Situation machen, damit er dann auch Dinge in Angriff nimmt, die er selber tun kann und muß.

h) Passive Unterwürfigkeit

Noch ein wenig anders als der Infantile verhält sich der Mensch, der ein Gespräch sofort mit der Bemerkung eröffnet: „Ich weiß ja, daß alles meine Schuld ist. Ich habe ja alles falsch gemacht und ich möchte jetzt nur von Ihnen wissen, wie ich es anders machen kann. Ich bin ganz bereit, sagen Sie mir nur die Punkte, an denen ich mich ändern muß. Ich werde dann alles umstellen, und ich werde mich von Grund auf umkrempeln und ein völlig anderes Verhalten an den Tag legen." Hier könnte das eingetreten sein, was die Psychoanalyse in der Erforschung der Triebschicksale die Verkehrung ins Gegenteil nennt. Oftmals handelt es sich um einen Menschen, der im Grunde unerbittliche Herrschaftsansprüche hat. Er hat aber im Laufe seines Lebens gelernt, daß sie sich so öffentlich zur Schau gestellt nicht bezahlt machen, daß man viel besser wegkommt, wenn man versucht, sie zu überdecken, sie wegzuschieben und durch eine passiv-unterwürfige Haltung zu ersetzen. Bei solchen passiv-unterwürfigen Menschen könnte es sich wirklich lohnen, fast wie ein Detektiv zu fahnden und zu forschen, wo in der Lebensgeschichte und in den alltäglichen Lebenssituationen die ursprüngliche Haltung des Betreffenden sich verbirgt und vielleicht doch zum Ausdruck kommt. Sie dürfte in jedem Falle vorhanden sein, wenn wir nur aufmerksam hinhören und aufmerksam versuchen zu sehen, wie die Dinge liegen.

Diese Schilderung des Verhaltens im Gespräch ließe sich gewiß beliebig fortsetzen. Worauf es ankommt ist, daß das Verhalten des Ratsuchenden in der Gesprächssituation selbst sehr häufig der Schlüssel sein kann für die Schwierigkeiten, derentwegen dieser Mensch eigentlich zu uns kommt und die er noch nicht benennen kann. Übertragung, wenn sie beachtet wird, kann ein ganz wesentliches Hilfsmittel sein, um dem Betreffenden zu helfen, das zu erkennen, was er eben nicht schildern kann. Er gibt statt dessen irgendwelche Dinge an, die wir als Rationalisierungen ansehen müssen, denn irgendein rationaler Grund findet sich immer, der dann zum Verdecken eigentlicher Gründe herhalten muß. In den wenigsten Fällen können uns Ratsuchende keine bestimmten Gründe dafür angeben, warum die Dinge so und nicht anders liegen. Es scheint eines der Grundbedürfnisse des Menschen zu sein, zu rationalisieren und immer wieder Entschuldigungen und Gründe vorzuschieben. Wir würden uns düpieren lassen, wenn wir uns auf diese Gründe einließen, wenn wir sie für bare Münze nehmen würden und als einzige Informationsquelle gelten ließen. Aber das Verhalten, mit dem uns ein Mensch entgegentritt, welche Forderungen er an uns stellt, das Bild, das sich aus vielen Einzelbeobachtungen während der Beratung zusammensetzt, all das kann zum Modell für andere Lebenssituationen dienen, etwa wie er seine Frau behandelt, seinen Kindern entgegentritt usw. Deshalb muß hier noch einmal die Mahnung ausgesprochen werden, am Anfang des Gespräches doch sehr zurückhaltend mit den eigenen Reaktionen zu sein, um erst einmal beobachten zu können, wie der Ratsuchende sich mir gegenüber verhält, welche Übertragung er herstellt, in welche Rolle er mich hineinzumanövrieren versucht. Nur wenn ich das in etwa übersehen kann, werde ich aus meiner Reserve allmählich heraustreten können, weil erst dann eine kontrollierte Gesprächsführung möglich ist.

§ 4 Mittel und Methoden der Gesprächsführung

Literatur:

Peter Gottwald, Verhaltenstherapie: Grundlagen, Ergebnisse, aktuelle Aufgaben. Hamburg 1971.

Reiner Bastine, Einführung in die klienten-zentrierte Gesprächspsychotherapie. Hamburg 1971.

Reuel, L. Howe, Menschen müssen miteinander reden. Kassel 1967.

Reinhard Tausch, Gesprächspsychotherapie. Göttingen 4. Aufl. o. J.

Louis Monden, Sünde, Freiheit und Gewissen. Salzburg 1968.

Richardson/Dohrenwend/Klein, Interviewing, its Forms and Functions. New York/London 1965.

These:

> Zu den wichtigsten Mitteln der Gesprächsführung gehören eine beziehungsstiftende und beziehungsfördernde Grundhaltung, ein ausreichendes Verstehen der nichtverbalen und verbalen Mitteilungen, ein Wissen über die Gesetzmäßigkeiten des Frage-Antwort-Prozesses sowie der ernsthafte Wille, jede Suggestivwirkung als die große Gefährdung des Gesprächscharakters zu erkennen und zu vermeiden. Vom theologischen Prinzip der Freiheit her ergeben sich die Kriterien, die bei einer Orientierung angesichts des Methodenpluralismus auf dem Felde der Gesprächsführung helfen können.

Die besondere Schwierigkeit einer sauberen Methodik der Gesprächsführung liegt darin, daß sich auf diesem Feld nur begrenzt objektivierende Aussagen machen lassen. Wenn wir als wichtigstes Mittel der Gesprächsführung eine bestimmte Haltung und Einstellung nennen, so mag das für viele enttäuschend sein, weil offenkundig ist, daß sich eine solche Haltung nicht ohne weiteres erlernen und einnehmen läßt. Die Forderung nach einer bestimmten Grundhaltung soll jedoch einsichtig machen, daß derjenige, der sich auf eine Gesprächsführung einläßt, ständig und immer wieder neu unter der Verpflichtung stehen muß, seine eigene Haltung zu klären und zu überprüfen. Erst dann wird es ihm gelingen, zu jenem Verstehen zu finden, das als weiteres wichtigstes Erfordernis für die Führung von Gesprächen anzusehen ist. Besonders bei kürzeren Gesprächen wird es wesentlich darauf ankommen, den oftmals sehr versteckten und verschlüsselten Code-Wert bestimmter Mitteilungen und Bemerkungen zu verstehen und aufzunehmen[1]. Als relativ klarster und eindeutigster Bereich der Gesprächsführung kann das angegeben werden, was unter dem Stichwort Frage- und Antwortprozeß von der empirischen Psychologie, und hier vor allem von der Interviewtechnik, erarbeitet und herausgestellt wurde. Wir werden jedoch bei einer solch klaren Methodik nicht aus den Augen verlieren dürfen, daß das eigentliche Ziel der seelsorgerlichen Gesprächsführung die freie und neue Erfahrung unseres Partners ist und wir uns deshalb angesichts der verschiedenen Gesprächsmethoden, die heute bereits entwickelt wurden, nur an einer Methodik orientieren können, die diesem Ziel zu dienen vermag.

1. Die beziehungsfördernde Grundhaltung

Eine Haltung wird man schwer beschreiben können; sie läßt sich leichter aus einem bestimmten Verhalten im Nachhinein deutend entwickeln. Es seien deshalb im folgenden zwei Gespräche angeführt, die *Ruth Bang* in ihrem Buch „Hilfe zur Selbsthilfe" bringt und an denen sich der Unterschied zwischen einer beziehungshemmenden und einer beziehungsfördernden Grundhaltung wohl am besten deutlich machen läßt[2].

Fürsorgerin Frl. A. (sehr zugewandt und freundlich, nach kurzer entgegenkommender Begrüßung, bei der Jenny in keiner Weise „mittut"; sie ist vielmehr sehr „zugeknöpft"; sekundenweise wirft sie einen mißtrauischen und ziemlich ablehnenden Blick auf die Fürsorgerin): Sie können sich gewiß denken, Fräulein Jenny, warum ich Sie gebeten habe, mich einmal aufzusuchen.

Jenny (zuckt mit den Achseln, dann etwas später, ziemlich explosiv): Nein, wieso eigentlich?

Frl. A. (ein wenig erstaunt und etwas gespannt, aber beherrscht und nicht unfreundlich): Meinen Sie wirklich, Jenny, daß bei Ihnen alles so ganz in Ordnung ist: Ob Sie nicht ganz gut etwas Rat und Hilfe gebrauchen könnten?

Jenny (trotzig und verschlossen; kaum verständlich zwischen den Zähnen herausgestoßen): Ich wüßte nicht, wieso.

Frl. A.: Nun, dann muß ich es Ihnen sagen, weshalb wir Sie gebeten haben, zu kommen: Es wurde uns mitgeteilt, daß sie möglicherweise ein Kind erwarten.

---

[1] Moser, Gesprächsführung und Interviewstechnik, in: PR XV, 1964, S. 271.
[2] Bang, Hilfe zur Selbsthilfe, S. 110ff.

Jenny (nach kurzer Überlegung, aufbegehrend und hochfahrend): Na, und wenn das wirklich so wäre, — was ginge denn das das Jugendamt an?

Frl. A. (nicht ganz frei von einem leicht vorwurfsvollen Unterton): Wir sind der Meinung, daß es das Jugendamt schon etwas angeht, ob ein 17jähriges unverheiratetes Mädchen ein Kind bekommt oder nicht. (Pause) Sie sollen auch geäußert haben, Sie wollen ins Wasser gehen, wenn dies der Fall wäre. Das klingt, als würden Sie allein doch nicht so recht fertig mit der ganzen Sache.

Jenny (voll Ärger und gestauter Aggression): Auch das noch! Wer da wohl wieder getratscht hat?

Frl. A.: Jenny, ich glaube, Sie sollten ein wenig vernünftig sein, und die Sache mal ganz offen mit mir besprechen, damit wir herausfinden, wie wir Ihnen helfen können.

Jenny (senkt den Kopf, es kommen ihr Tränen in die Augen. Es ist nicht erkennbar, ob aus Kummer, Trotz oder Wut): Was bliebe mir denn anderes übrig? Was kann es denn da zu besprechen geben? Vom Reden würde das Kind auch nicht wieder weggehen!

Frl. A. (leicht empört über den schnoddrigen Ton): Nein, das allerdings nicht.

Jenny: Na also. Ich werde schon sehen, wie ich fertig werde.

Frl. A.: Indem Sie ins Wasser gehen? Wissen Sie, daß das ein großes Unrecht wäre, auch gegen das Kind? Ich glaube, es gäbe bessere Wege, um das, was Sie getan haben, wieder in die Reihe zu bringen. Fehlen kann jeder Mensch einmal, aber dann muß er auch den Mut haben, seine Fehler wiedergutzumachen. Finden Sie das nicht auch?

Jenny (mürrisch und feindselig): Wo sollte ich denn wohl hingehen? Meine Eltern haben gesagt, wenn ich ein Kind bekäme, solle ich machen, daß ich schnellstens aus dem Hause komme, damit ich sie nicht noch mehr vor der ganzen Nachbarschaft blamiere. Sie sind wütend auf mich und sprechen kein Wort mit mir.

Frl. A.: Die Eltern sind wohl sehr enttäuscht von Ihnen? Eigentlich ist es doch zu verstehen, daß sie ärgerlich sind. Das müßten Sie doch auch einsehen. (Pause) Wissen Sie, ob Sie schwanger sind?

Jenny (schweigt verstockt, dann): Ich will einfach nicht mehr! Wo ich doch überhaupt nichts dafür kann!

Frl. A. (nicht ohne eine mühsam beherrschte leichte Empörung): Na, na, na! Damit machen Sie sich die Sache doch wohl ein bißchen zu leicht.

Ich will Ihnen mal etwas sagen, Jenny, versuchen Sie doch einmal, jetzt vernünftig und offen mit mir über die ganze Geschichte zu reden. Dann werden wir sehen, was zu tun ist.

Jenny (zuckt wieder trotzig die Achseln, preßt die Lippen aufeinander und zerrt unentwegt an ihrem Taschentuch, als wolle sie es zerreißen).

Frl. A. (ist im Laufe des Gespräches ein wenig unsicher geworden, weil Jenny so wenig ansprechbar und „stur" ist. Ihre Unsicherheit läßt auch Ungeduld und Verärgerung in ihr wach werden. Sie denkt deshalb, daß es auf alle Fälle gut wäre, Jenny einmal auf die Möglichkeiten hinzuweisen, durch die ein Amt eventuell praktische Hilfe in einer solchen Situation geben kann. Sie fragt auch, ob Jenny regelmäßig bei ihrer Lehrstelle arbeitet, was Jenny bejaht. Dann sagt sie): Was würden Sie davon halten, wenn ich mal mit Ihren Eltern reden würde?

Jenny (platzt förmlich heraus): Um Gottes willen, auch das noch! Wenn die wüßten, daß ich auf dem Jugendamt war! Ich war heilfroh, daß ich Ihren Brief abfangen konnte.

Frl. A.: Jenny, ich glaube, wir kommen so nicht viel weiter. Ich kann schließlich die Sache nicht für Sie wieder in Ordnung bringen, ohne daß Sie dabei mithelfen. Die Suppe muß ja am Ende doch derjenige auslöffeln, der sie sich eingebrockt hat. Aber Sie wissen nun, daß Sie dabei Hilfe bekommen können und daß Sie keinen Grund haben zu verzweifeln. Denken Sie daran, daß es nicht nur um Sie, sondern auch um das Kind geht. (Sie nimmt sich innerlich dem verstockten Mädchen gegenüber sehr zusammen und fährt so freundlich wie möglich fort:) Ich schlage Ihnen vor, daß Sie alles, was ich Ihnen gesagt habe, noch einmal in Ruhe überlegen und mich dann doch einmal aufsuchen. Vielleicht heute in einer Woche?

Jenny: Na, meinetwegen. (Als die Fürsorgerin ihr zum Abschied die Hand reicht, macht sie eine knicksartige Bewegung und knurrt so etwas wie:) Auf Wiedersehen!

Man wird sich an diesem Gespräch deutlich machen können, wieso eine beziehungsstiftende Grundhaltung hier nicht vorausgesetzt werden kann und warum der Gesprächsgang mit logischer Konsequenz in ein Fiasko hineinführen muß. Folgende Punkte sind vielleicht wichtig:

1. Bereits die Eröffnung des Gespräches setzt eine Einsicht voraus, die das Gespräch allenfalls wecken könnte, die man aber niemals zur Voraussetzung eines solchen Gespräches machen kann, das unter der besonderen Schwierigkeit zustande gekommen ist, daß der Klient nicht frei-

willig mit einem besonderen Anliegen gekommen ist, sondern auf Bestellung. Ein solches Gespräch kann deshalb niemals mit der Formel eröffnet werden: „Sie können sich gewiß denken, warum Sie kommen müssen."

2. Bereits als zweite Reaktion auf die abwehrende und abweisende Haltung des Gesprächspartners erfolgt der moralische Vorwurf, der den Partner darauf anspricht, daß bei ihm nicht alles in Ordnung sei.

3. Als Reaktion auf den Trotz und die negative Einstellung bricht auch bei dem Gesprächspartner ein negativer Affekt durch, der sich als Vorwurf und Herabsetzung und Entmündigung des Partners niederschlägt und gleichsam wie mit einem Keulenschlag das Kernproblem, um dessentwillen dieses Gespräch geführt wurde, gewaltsam zur Sprache bringt.

4. Obwohl die eigene Empörung nur mühsam kontrolliert werden kann, wird die Forderung nach radikaler Offenheit gestellt, die natürlich niemals auf dem Wege der Forderung zustande kommen kann, sondern immer ein freies Geschenk des Partners sein muß.

5. Die Einverständnis heischende Formel: „Finden Sie das nicht auch?" wird an einer Stelle ins Spiel gebracht, an der sie auf gar keinen Fall stehen dürfte, denn das Einvernehmen ist bereits durch den bisherigen Gang des Gespräches empfindlich gestört. Beide Partner haben sich ein weites Stück voneinander entfernt.

6. Die Fürsorgerin fühlt sich nicht in erster Linie als Partner des Klienten, sondern zeigt der Klientin vielmehr, daß sie sich als Fürsprecher und Anwalt der von dem Mädchen feindlich empfundenen Umwelt zu verstehen gedenkt. Dadurch treibt sie es noch vielmehr in den Widerstand hinein.

7. Der sich nun deutlich zeigende Widerstand der Gesprächspartnerin wird durch Imperative zur Offenheit zu überspielen versucht und führt deshalb logischerweise zur weiteren Abwehr.

8. Aus der Hilflosigkeit heraus, ein konkretes Angebot machen zu wollen, gerät die Fürsorgerin nun offensichtlich in Panik und geht völlig ins feindliche Lager über. Ihr Angebot, mit den Eltern zu sprechen, wird lediglich als Verrat empfunden, muß die Gesprächspartnerin befürchten lassen, daß alle gemeinsam über sie herfallen und treibt sie in die völlige Isolation hinein.

9. So muß es denn zwangsläufig zu dem panikartigen Abbruch des Gespräches durch die Fürsorgerin kommen.

Es wird auch in der seelsorgerlichen Praxis nicht wenige Gespräche geben, die im Anlaß und in der Problematik mindestens ähnlich liegen dürften, so daß es instruktiv sein könnte, sich zu vergegenwärtigen, ob es auch eine andere Möglichkeit gibt, durch eine davon abweichende Grundhaltung eine wirkliche Beziehung herzustellen. Deshalb im folgenden ein zweites Gespräch:

(Jenny bringt in ihrer äußeren Haltung die gleiche innere Einstellung wie im vorigen Gespräch zum Ausdruck.)

Frl. B.: Haben Sie sich gewundert, Fräulein Jenny, daß wir Ihnen schrieben und Sie gebeten haben, uns einmal aufzusuchen?

Jenny (unwirsch): Ja, natürlich! Was wollen Sie denn von mir?

Frl. B.: Nun, es ist nett, daß Sie trotzdem gekommen sind. Ich hoffe, der Zeitpunkt unserer Verabredung war Ihnen so recht. Sie arbeiten doch, nicht wahr?

Jenny: Ja!

Frl. B.: Macht Ihnen die Arbeit Freude?

Jenny: Doch!

Frl. B.: Und ich will Ihnen gern erklären, wieso das Jugendamt Sie gebeten hat, zu kommen. Wir sind nämlich dazu da, uns um Menschen zu kümmern, von denen wir annehmen müssen, daß sie sich in einer etwas schwierigen Lebenslage befinden.

Jenny (etwas irritiert durch den sehr warmherzigen Ton in der Stimme der Fürsorgerin): Aber mir fehlt doch nichts.

Frl. B.: Wissen Sie, zuweilen kommt es vor, daß andere Menschen mehr Anteil an uns nehmen, als wir wissen, vielleicht sogar mehr, als uns lieb ist. Und so ist es wohl auch gekommen, daß uns die Mitteilung zuging, Sie würden wahrscheinlich ein Baby erwarten und hätten geäußert, dann würden Sie ins Wasser gehen. Da haben wir gedacht, Sie könnten am Ende jemanden gebrauchen, dem solche Lebenslagen nicht ganz fremd sind, wie uns Fürsorgerinnen, und bei dem Sie sich mal aussprechen und beraten lassen könnten. Wenn Sie es wirklich für möglich halten, daß Sie in anderen Umständen sind, so müssen Sie ja wirklich allerhand Kümmernisse haben, allein schon durch die Ungewißheit, denke ich mir.

Jenny: Wer da wohl wieder getratscht hat! Das hat gerade noch gefehlt! Und wenn es nun so wäre, was können *Sie* dabei machen? Dabei kann einem doch keiner helfen.

Frl. B.: Hören Sie, Jenny, wenn man einen großen Schreck gekriegt hat durch eine schlimme Nachricht, dann glaubt man oft, es gäbe gar keinen Ausweg mehr, und man sieht überhaupt nicht, wie's weitergehen soll. Manchmal genügt es, wenn man die Sache mal beschläft, zuweilen genügt das auch nicht, dann braucht man jemanden, der vielleicht Rat weiß und mit dem man sich mal aussprechen kann.

Jenny (zweifelnd, aber etwas „aufgetaut"): Mit 'nem ganz fremden Menschen?

Frl. B.: Da haben Sie recht, Jenny. Darum wäre es vielleicht nicht schlecht, wir lernten uns etwas näher kennen. Ich kenne ja auch Sie noch gar nicht und kann es gut verstehen, wenn Sie mir nun nicht gleich Ihr ganzes Herz ausschütten mögen. Das ist auch gar nicht nötig. Aber überlegen Sie bitte einmal, ob Sie mir nicht doch etwas darüber sagen können, warum Sie glauben, daß es scheinbar keinen Ausweg für Sie gibt?

Jenny: Na, wo soll ich denn hin? Als meine Eltern dahinterkamen, daß ich mehrmals bei Harald im Zimmer gewesen bin, haben sie sofort gesagt: Die Schande, wenn Du ein Kind bekämst! Dann kannst Du zusehen, wo Du bleibst! Die Blamage ist ja nicht auszudenken! Sie sind wütend auf mich und sprechen kein Wort mit mir. Sehen Sie nun ein, daß da nichts zu machen ist? Und dabei kann ich überhaupt gar nichts dafür, daß das alles so gekommen ist!

Frl. B.: Jenny, ob Sie etwas dafür können oder nicht, darüber wollen wir uns zunächst mal gar keine Gedanken machen. Wichtig ist, daß Sie nicht glauben, es sei nun alles aus. Wenn man das glaubt, dann muß man sehr unglücklich sein, und wenn man unglücklich ist, fällt einem selten etwas Gescheites ein.

Jenny: Meine Eltern sagen, mein Leben sei ein für allemal verpfuscht. (Pause) Jeder ist jetzt gegen mich.

Frl. B.: Und darum sind Sie der Meinung, auch das Jugendamt und die Fürsorgerinnen seien „gegen Sie".

Jenny: Na, was denn sonst?

Frl. B.: Das stimmt nicht so ganz! Jugendamt und Fürsorgerinnen sind zum Helfen da, und nicht zum Schimpfen.

Jenny: Aber wie wollen Sie mir denn helfen?

Frl. B.: Nun, so genau kann ich Ihnen das noch nicht sagen. Ich weiß nur aus Erfahrung, daß sich eigentlich immer irgendein Weg findet, bei ruhiger gemeinsamer Überlegung. Vorläufig kenne ich Sie noch zu wenig, weiß ja noch gar nicht so recht, wo der Schuh eigentlich am meisten drückt. Zunächst sollen Sie erstmal das Gefühl bekommen, daß wir hier nicht „gegen Sie sind" und daß Sie nicht gegen uns zu sein brauchen. Nach Ihren früheren Erfahrungen können Sie das gewiß noch gar nicht recht glauben, weil Sie annehmen, daß alle böse mit Ihnen wären, wenn sie wüßten, was vielleicht mit Ihnen los ist.

Jenny: Was heißt „vielleicht"? Ich kriege ein Kind. Und vom Reden geht das auch nicht wieder weg.

Frl. B.: Das ist wahr. Und weil Sie ein Kind erwarten, glauben Sie, Ihr Lebensglück sei nun vorbei?

Jenny: Na, klar!

Frl. B.: Ich glaube, Sie haben keine rechte Vorstellung davon, was ein Jugendamt und eine Fürsorgerin ist?

Jenny: Offen gestanden, nein! Ich hatte mir das hier überhaupt etwas anders vorgestellt.

Frl. B.: Wie denn wohl so ungefähr?

Jenny: Ich dachte, hier kommen Leute her, die Geld brauchen oder (zögernd) die irgendetwas angestellt haben und in ein Heim müssen.

Frl. B. (lächelnd): Wissen Sie, so verkehrt ist Ihre Vorstellung gar nicht. Es kommt doch vor, daß durch Krankheit oder Arbeitslosigkeit oder aus einem anderen Grund nicht genug Geld in einer Familie ist. Dann kann zuweilen ein Amt helfen und dafür sorgen, daß genug zu essen da ist oder daß geheizt werden kann. — Na, und was die Heime betrifft, so ist da auch was Richtiges dran. Es kommt zum Beispiel schon vor, daß Kinder kein schönes Zuhause haben und daß wir annehmen müssen, sie würden in einem Heim glücklicher leben.

Jenny (ängstlich, aber trotzdem entspannter und innerlich etwas zugewandter): Nur bei Kindern?

Frl. B.: Nein, das kann auch bei Jugendlichen vorkommen. (Pause) Haben Sie Angst, wir könnten Sie in ein Heim tun?

Jenny (sehr kleinlaut und leise): Können Sie hier nicht einfach über mich bestimmen, so wie meine Eltern?

Frl. B.: Jenny, ich will Ihnen eines sagen: Selbst wenn ich das könnte, würde ich es nicht tun wollen. Wer einem Beruf nachgeht und ein Baby erwartet, ist kein Kind mehr. Ich habe den Eindruck gewonnen, als wären Sie ganz gut in der Lage, mitzuentscheiden, was nun geschehen sollte. Sie müssen nur erst wieder ein wenig ruhiger werden. (Pause) Wenn ich Ihnen heute auch noch nicht viel habe helfen können, so haben Sie vielleicht doch die Überzeugung gewonnen, daß ein Jugendamt keine

Polizeistation ist. Leider habe ich keine Zeit mehr, mich jetzt länger mit Ihnen zu unterhalten. Es gibt nämlich eine ganze Menge „Jennys", die in Nöten sind und denen ich gerne helfen möchte. Wäre es Ihnen recht, wenn Sie in ein paar Tagen noch einmal zu mir kämen? Wir haben uns nun ja erstmal miteinander bekannt gemacht. Ich glaube schon, daß ich Ihnen helfen kann; aber daß ich dazu noch ein wenig mehr von Ihnen wissen muß, — das werden Sie verstehen, nicht wahr? (Steht auf, reicht Jenny die Hand, die diese etwas verlegen lächelnd ergreift mit der gleichen knicksartigen Bewegung.) Mögen Sie? Am Freitag?

Jenny (nachdenklich, ernst und halblaut): Doch, ich komme bestimmt.

Warum können wir in diesem zweiten Gespräch, das offensichtlich nicht in einer Katastrophe, sondern verheißungsvoll endet, eine beziehungsstiftende Grundhaltung entdecken.

1. Der Einsatzpunkt des Gespräches liegt in der tatsächlichen gefühlsmäßigen Einstellung, nämlich dem Erstaunen und der Abwehr.

2. Gleich am Anfang wird eine Anerkennung der Leistung, die der Klient erbringt, ausgesprochen, wenn auch diese Leistung nur darin besteht, daß er gekommen ist.

3. Es wird sehr bald das Ernstnehmen des Partners signalisiert, dem man auch das Recht zugesteht, daß ihm bestimmte Termine passen oder nicht passen könnten.

4. Es wird versucht, etwaige Erfolgs- und Beglückungserlebnisse, wie sie Jenny vielleicht durch ihre Arbeit hat, aufzugreifen und ins Gespräch einzubeziehen.

5. Bevor das Gespräch richtig in Gang kommt, wird eine sachliche Information über das gegeben, was geschehen soll in diesem Gespräch, und damit wird die Ungewißheit und Ängstlichkeit, die den Klienten innerlich beschäftigt, ein wenig aufgehellt.

6. Es wird das Angebot einer Hilfestellung gemacht mit dem Vorbehalt der Freiheit des Klienten, davon Gebrauch zu machen oder nicht.

7. Es kommt zu einer Deutung und Bewußtmachung der Gefühlslage des Partners, die die tatsächlichen Empfindungen offensichtlich zu treffen weiß und deshalb auch ein erneutes Angebot machen kann.

8. Der Zweifel, den der Gesprächspartner nun äußert, wird aufgenommen und bestätigt, dadurch wird der Erlaubnis Raum gegeben, auch Widerstände und negative Gefühlseinstellungen zu artikulieren, auszusprechen und nicht abzuschieben oder aus dem Gesprächskreis zu verbannen.

9. Die Testfrage, die der Klient von sich aus nun ins Spiel bringt, indem die Schuldfrage aufgeworfen wird, und die den Gesprächspartner zu einer eindeutigen Entscheidung für oder gegen veranlassen soll, wird nicht beantwortet, sondern es wird eine grundsätzliche Ablehnung der Klärung der Schuldfrage gegeben und dadurch eine neue Offenheit für weiteres Gespräch signalisiert.

10. Die Fürsorgerin ist in der Lage, die eigene Ratlosigkeit zuzugeben und keine zu anspruchsvollen Ziele für das Gespräch anzugeben.

11. Auf das zögernde Angebot einer gewissen gefühlhaften Einstellung des Klienten wird nicht mit einer unrealistischen Überhöhung der eigenen Rolle und Funktion reagiert, sondern es wird informiert und richtiggestellt.

12. Das Gespräch schließt mit einem Appell an die eigene Fähigkeit, die eigene Möglichkeit und die eigene Verantwortung und bringt damit einen hoffnungsvollen Aspekt für die Zukunft ins Spiel. Die Beziehung ist hergestellt, an der nun weitergebaut werden kann.

Es dürfte deutlich sein, daß der wesentliche Unterschied dieser beiden Gespräche in der eigenen gefühlshaften Einstellung der jeweiligen Fürsorgerin liegt. Eine gewisse Kontrolliertheit der eigenen emotionalen Reaktion gibt die Gelassenheit, auf gefühlsmäßige Einstellungen des Partners nicht unbedingt mit demselben Gefühl zu antworten und das sachliche Ziel, das sich dieses Gespräch gestellt hat, nicht aus dem Auge zu verlieren. Als methodische Ergänzung zu dieser Grundhaltung können wir zu den hier vorgelegten Gesprächen noch anmerken, daß in dem Gespräch, in dem es gelungen zu sein scheint, eine Beziehung zu stiften, mit Forderungen und Appellen am Anfang sehr sparsam umgegangen wurde, daß in ihm kaum Imperative und Appelle zu finden sind und daß es einen gewissen Freiheitsspielraum zur Verfügung stellt, eigene Gefühle des Klienten zur Artikulation zu bringen.

Voraussetzung dieser beziehungsstiftenden Grundhaltung sowie der methodischen Klarheit, mit der ein solches Gespräch geführt wird, muß aber nun sein, daß wir die Mitteilungen des Gesprächspartners wirklich verstehen.

2. Das Verstehen der Mitteilung

Die psychoanalytische Betrachtung des Gesprächs hat wiederholt darauf hingewiesen, daß die Worte, die in einem Gespräch gebraucht werden, neben ihrem sprachlich vereinbarten Informationsgehalt einen geheimen Sinn, einen Code-Charakter tragen. Was gesagt wird, ist gleichzeitig ein

Aufruf des Angesprochenen, etwas zu tun, zu befehlen, zu klagen oder aber in Schutz zu nehmen, zu verteidigen[3]. Das Gespräch kann nur fruchtbar werden, wenn dieser zwischen den Zeilen des Gesprächs liegende Sinn erkannt wird. Ich möchte das Angedeutete an einem Beispiel verdeutlichen[4]:

Ein Gespräch am Krankenbett in einem Zweibett-Zimmer. Der Patient ist etwa 35jährig, gepflegtes Aussehen, Frisur fit, eleganter Schlafanzug. Gesundes Selbstbewußtsein; offen. Nach der Vorstellung und Frage nach dem Ergehen findet folgendes Gespräch statt:

Pat.: Ich habe eine Blinddarm-Operation gehabt, es ist alles gutgegangen. Ich bin in X zu Hause und sonst im Ausland in M. Jetzt bin ich gerade im Urlaub, da habe ich die Sache gleich abgemacht.

Pfr.: Was ist denn Ihre Arbeit, daß Sie in S-Land sind?

Pat.: Ich bin Vertreter der großen K-Firma und habe einen großen Bezirk in S-Land. — Ja, ich habe mit der Kirche allerhand erlebt, Sie werden es gewiß nicht verstehen.

Pfr.: Haben Sie denn dort auch evangelische Gottesdienste, deutsch?

Pat.: Ja, die V-Kirche hat uns eine Kapelle zur Verfügung gestellt. Da kommen die Deutschen aus der Umgebung hin. Der Pfarrer sitzt in Q. Der hat natürlich einen ganz großen Bezirk. Also, da komme ich mit meiner kleinen Tochter an einem Sonntagmorgen in die Kirche, etwas früh, und setze mich in eine Bank. Da kommt eine deutsche Dame, eine Angestellte des T-Forschungsinstituts, und sagt zu mir: Wollen Sie mir nicht Platz machen? Das ist nämlich mein Platz. — Ich stand auf und ging mit meiner Tochter hinaus und habe nicht am Gottesdienst teilgenommen. Ich habe mich so geärgert. Wissen Sie, diese Angestellten des T-Instituts haben sowieso immense Gehälter, dann bekommen sie auch noch in den großen Geschäften der ganzen Gegend einen Rabatt von 20%. Und dann benimmt sich eine solche Dame in der Kirche so. Ich bin nicht mehr in die Kirche gegangen.

Pfr.: War das richtig?

Pat.: Ich habe es unserem Pfarrer in Q geschrieben. Der hat mir die rechte Antwort gegeben. Er schrieb nämlich: „Wenn Ihnen in Ihrer Firma einer so Ihren Platz streitig gemacht hätte, hätten Sie dann auch so reagiert?" — Ja, aber ich meine noch etwas anderes, was ich mit der

---

[3] Moser, a.a.O. (Anm. 1), S. 274.

[4] Die wörtliche Aufzeichnung des Gespräches wurde von dem Arbeitskreis für seelsorgerliche Gesprächsführung von Pfarrer Lutz freundlicherweise zur Verfügung gestellt.

Kirche erlebt habe. Sie werden es mir nicht glauben! Wir Deutsche in der ganzen Umgebung machten eine gemeinsame Eingabe nach Berlin, daß wir einen eigenen Pfarrer bekommen sollten. Da schickten sie uns einen jungen Pfarrer mit seiner Frau und drei Kindern. Das war schön für uns. Er besuchte alle Deutschen in der Gegend. Bei uns war er auch einen ganzen Abend, wir saßen gemütlich beim Wein, er blieb bis 1/21 Uhr. Ich sagte zu meiner Frau: Das ist nun auch einmal ein Pfarrer, der für uns paßt. Aber es kam ganz anders. Eines Tages wurde uns mitgeteilt, daß er abberufen worden war.

Pfr.: Warum denn?

Pat.: dolce vita! Sie können sich denken, wie enttäuscht wir waren.

Pfr.: Ja, aber ein Pfarrer ist auch nur ein Mensch. Die Gemeinde erwartet manchmal, daß er ein Heiliger sei, für den es keine menschlichen Anfechtungen gibt. Aber ein Pfarrer lebt auch von der Vergebung. Wo ist denn die Gemeinde, die ihm da hilft?

Was läßt sich aus diesem kurzen Gespräch erkennen? Offensichtlich ist der Pfarrer bereitwillig dem Patienten dahin gefolgt, wo er ihn haben wollte. Er hat sich nämlich in die Position eines Verteidigers von Kirche und Pfarrer hineindrängen lassen. Damit hat das Gespräch die Chance verloren, eine zentrale Schwierigkeit und Not dieses jungen Mannes zur Artikulation zu bringen, die meines Erachtens als Code-Text den Erzählungen des jungen Mannes zugrunde liegt. Wir wissen aus der Tiefenpsychologie, daß ein Mensch, der unter eigenen nicht akzeptierten Triebimpulsen und -regungen steht, dazu neigt, diese Impulse auf andere zu übertragen und dort zu bekämpfen. Dieser junge Mann nun, der durch das plötzliche Auftauchen des Pfarrers in eine gewisse Verteidigungssituation gerät, in der er entschlossen zum Gegenangriff übergeht, spricht offensichtlich das Thema und das Problem an, das ihn im Innersten bewegt. Er hat nämlich keine Zeit, einen strategischen Plan zu entwerfen, um sich besser zu tarnen, und deshalb dürfen wir mit ziemlicher Sicherheit annehmen, daß hinter dem Vorwurf, den er dem Pfarrer seiner Gemeinde macht, seine eigene Problematik steht und unter Umständen eine Chance gehabt hätte, aufgedeckt zu werden, wenn der Pfarrer nur den Code-Charakter der Mitteilungen seines Patienten verstanden hätte.

Die eigentliche Schwierigkeit solcher kurzen Gespräche liegt selbstverständlich darin, die Geistesgegenwart aufzubringen, herauszuhören, wovon hier wirklich die Rede ist, und angemessen zu reagieren, d.h. sich nicht in die Rolle hineinmanövrieren zu lassen, die der Gesprächspartner einem zugedacht hat, sondern dem Gespräch nun die Wendung zu geben, die es unter Umständen ermöglicht, das, was bisher nur verdeckt und entstellt zur Sprache kam, sich offen artikulieren zu lassen. Dabei kann Folgendes hilfreich sein: Wir deuteten schon an, daß es sehr schwierig ist, gerade in kurzen Gesprächen den Code-Charakter von Mitteilungen sofort zu verstehen. Deshalb kann man sich weithin darauf beschränken, nur darauf zu achten, welche Worte uns emotional geladen vorkommen. Wir spüren ja mit einiger Übung und Beobachtungsgabe, daß in jedem Gespräch bestimmte Partien und bestimmte Worte sind, die auf eine andere Weise vorgebracht werden als der andere Text des Gesprächs. Moser hat vorgeschlagen, solche emotional geladenen Worte Schlüsselworte zu nennen[5], und hält es für aussichtsreich, solche Schlüsselworte so lange als möglich immer wieder ins Gespräch zu werfen, um den Gesprächspartner zu neuen Assoziationen dazu anzuregen. Auch wenn das Zurückgeben des Schlüsselwortes in die Gesprächssituation hinein nicht zu neuen Assoziationen anzuregen vermag, so ist doch die Reaktion des Gesprächspartners auf diese Schlüsselworte außerordentlich aufschlußreich. Es wird nämlich häufig zurückgenommen, geradezu widerrufen oder auch seine Verwendung geleugnet. Wir haben dann eine Bestätigung dafür, daß sich hinter diesem Schlüsselwort tatsächlich eine bestimmte emotionale Problemstellung verbirgt, und werden nun unter Umständen angemessenere Mittel finden, damit umzugehen. Damit stehen wir aber nun vor der Frage, welche technischen Möglichkeiten für die Führung des Gespräches zur Verfügung stehen, und müssen als allerwichtigstes Mittel der Gesprächsführung die Frage nennen und behandeln.

3. Die Bedeutung der Frage

Aus der Fülle der Möglichkeiten, wie die Frage im Gespräch eingesetzt werden kann, und aus der Fülle der Literatur[6], die zu diesem Thema bearbeitet wurde, möchte ich vier für unsere Zwecke vielleicht nützliche Grundtypen der Fragestellung anführen:

1. Geschlossene Fragen.
2. Suggestivfragen.
3. Motivationsfragen.
4. Offene Fragen.

---

[5] Ebd., S. 271.

[6] Ich beziehe mich im folgenden außer auf den bereits erwähnten Aufsatz von Moser auf L. Pongratz, Das psychologische Explorationsgespräch, in: PR VIII, 1957, H. 3, S. 195 ff.; Richardson/Dohrenwendt/Klein, Interviewing, its Forms and Functions; Bingham/Moore, How to Interview; Kretschmer, Medizinische Psychologie.

1. Bei den geschlossenen Fragen handelt es sich um eine Frage, die in wenigen Worten adäquat beantwortet werden kann und deshalb im Gespräch in aller Regel keine weiterführende Funktion haben. Wir unterscheiden verschiedene Typen der geschlossenen Frage:

Da wäre a) der Ja-Nein-Typ. Er stellt eine Frage dar, die ausreichend mit Ja oder Nein beantwortet werden kann und dann in aller Regel einen neuen Impuls oder eine neue Aktivität des Gesprächsleiters erfordert.

b) Der Identifikationstyp der geschlossenen Frage zielt auf beobachtbare Charakteristika von Personen, Plätzen, Objekten und Ereignissen, nach der Identifizierung von Zeit, Zahl usw. Solche Identifikationstypen der geschlossenen Frage beginnen mit den Fragewörtern „Wer", „Wo", „Wann", „Wie viele", „Welche".

c) Unter dem Selektionstyp der geschlossenen Frage verstehen wir fixierte Alternativfragen, die dem Antwortenden die Wahl zwischen zwei Möglichkeiten läßt, etwa: „Haben Sie Schmerzen oder haben Sie keine?"

d) Der subjektive Typ der geschlossenen Frage versucht, den Betreffenden zu ganz bestimmten Äußerungen über Überzeugungen oder Gefühle zu veranlassen, die Identifizierung also gleichsam nach innen zu richten.

2. Bei den Suggestivfragen wird auf irgendeine Weise zum Ausdruck gebracht, daß die Erwartungen des Fragenden in einer bestimmten Richtung liegen. Der Befragte wird also in eine Entscheidung hineingezwungen, ob er diese Erwartungen übernehmen will oder ob er sich gegen sie zur Wehr setzen will. Auch hier können wir vier verschiedene Typen unterscheiden:

a) Der passive Typ der suggestiven Frage induziert nur den Gegenstand, nach dem gefragt wird, also etwa: „Haben Sie Schmerzen?"

b) Der aktive Typ der Suggestionsfrage geht noch ein Stück darüber hinaus und induziert stärker noch die erwartete Antwort: „Nicht wahr, Sie haben doch Schmerzen?"

c) Beim subjektiven Typ der Suggestivfrage schließlich, die die subjektive Wahrnehmung oder Empfindung in den Mittelpunkt stellt, läßt sich die Suggestivwirkung etwa auf folgende Weise dosieren: Man kann fragen: „Sahen Sie einen Regenschirm?" oder: „Sahen Sie *den* Regenschirm?", oder: „Sahen Sie nicht einen Regenschirm?", oder: „Sahen Sie nicht *den* Regenschirm?"

d) Eine weitere Steigerung der Suggestivwirkung läßt sich dadurch erreichen, daß man die Suggestivfrage als objektiven Typ gestaltet, also nicht mehr nach den subjektiven Wahrnehmungen oder Empfindungen fragt, sondern nach objektiven Größen, etwa in folgenden Steigerungsformen: „War da ein Regenschirm?“ „War da nicht ein Regenschirm?“ „War der Regenschirm schwarz oder grau?“ „War der Regenschirm schwarz?“

3. Als dritte große Gruppe nennen wir die Motivationsfragen. Sie sind ausschließlich Warum-Fragen, und ihre besondere Problematik besteht darin, daß sie in besonderer Weise dazu verführen, nur die bewußten Gründe einer Handlung anzugeben, nicht aber über wirkliche innere Beweggründe Aufschluß zu geben. Sie verleiten zur Rationalisierung und erwecken fast immer den Wunsch nach Rechtfertigung. Ein großer Prozentsatz der Warum-Fragen läßt sich vom Gesprächspartner überhaupt nicht beantworten, und solche Warum-Fragen führen deshalb außerordentlich häufig zu Gesprächsknicken.

4. Die offene Frage, die gleichsam nur den Fragehorizont absteckt, ist eine Frage, die mehr als ein paar Worte verlangt, um bewußt beantwortet zu werden, und im Grunde alles offenläßt, etwa: „Bitte, erzählen Sie mir, was Sie hierher führt!“

Wir haben uns nun zu fragen, auf welche Weise Fragen zu dem in Verbindung gebracht werden können, auf das sie sich beziehen. Außer der Eröffnungsfrage eines Gesprächs werden alle Fragen, die innerhalb eines Gespräches gestellt werden, doch immer einen Bezug zu vorausgegangenen Dingen haben. Dieser Bezug kann auf vielfältige Weise hergestellt werden, je nachdem es die Gesprächssituation erfordert. Ich nenne folgende Möglichkeiten:

1. Das Echo. Es besteht in einer exakten Wiederholung der Worte des Gesprächspartners, die nur mit einem Fragezeichen versehen werden. Es ist dies der Vorgang, der im allgemeinen in der Aufnahme von Schlüsselworten stattfinden wird.

2. Extension. Hier geht es um die Bitte, bereits gegebene Informationen zu erweitern oder zu vertiefen oder auszudehnen.

3. Indirekte Klärung. Hier wird die Bitte um ein Stück Information ausgesprochen, das bereits implizit in einen früheren Gesprächsteil eingeschlossen war, aber nicht noch einmal besonders zur Sprache gebracht wird.

4. Direkte Klärung. Hier handelt es sich um eine direkte Bitte um Information um etwas, was bisher vage und doppeldeutig blieb, bei dem aber der Gegenstand deutlich angesprochen wird.

5. Mit einer zusammenfassenden Frage kann ein bestimmter Abschnitt im Gespräch markiert werden. Sie kann mit impliziter oder expliziter Bitte um Bestätigung verbunden werden.

6. Konfrontation. Hier handelt es sich um eine Frage, die auf einen Widerspruch in den Äußerungen des Gesprächspartners direkt aufmerksam macht.

7. Schließlich kann es auch die Wiederholung einer Frage geben, die bereits vorher gestellt worden war und die uns nicht ausreichend beantwortet scheint.

Damit ist gleichsam das Arsenal beschrieben, mit dem wir es in der Fragetechnik eines Gespräches zu tun haben. Wir werden später noch auf Einzelheiten des Einsatzes dieser Mittel einzugehen, hier nur die großen Linien abzustecken haben, wie diese Mittel zum Einsatz kommen können.

Als am ungeeignetsten für unsere Zwecke muß die geschlossene Frage angesehen werden, da sie zu leicht zu der Fehlform, dem Verhör, verführt. Sie zerlegt das Gespräch in winzige Gesprächspartikel und unterbricht dauernd seinen Fluß. Ebenso müssen wir uns über die Problematik der Suggestivfrage im klaren sein. Sie sollte nur da zum Einsatz kommen, wo wir eine klare Absicht damit verbinden können. Diese Absicht kann vornehmlich in der affektiven Entlastung unseres Gesprächspartners bestehen. Wenn wir unseren Partner fragen: Sie haben doch sicher in Ihrem Leben allerhand durchgemacht — stellen wir natürlich eine Suggestivfrage. Sie erscheint dann möglich und angebracht, wenn sie dazu führt, daß der Partner sich zu emotionalen Regungen bekennen kann und sie nach Möglichkeit zur Sprache bringen kann. Die Motivationsfrage scheidet praktisch als Möglichkeit für ein seelsorgerliches Gespräch aus. Man sollte sie auf alle Fälle zu vermeiden suchen. Somit bleibt als Hauptmittel des seelsorgerlichen Gespräches die offene Frage, die unter Umständen ein Stück konkret informierenden Charakters haben kann, die unserem Partner die Möglichkeit gibt, sich emotional abzureagieren, und die dadurch, daß sie auf bestimmte Aspekte des vorher Gesagten bezogen und gerichtet ist, dem Partner ein Stückchen Einsicht verschaffen kann in seine eigene Problematik. Es sollte niemand sich an die Gesprächsführung heranwagen, der nicht wenigstens einige Male den Versuch gemacht hat, ein wörtliches Gesprächsprotokoll niederzuschreiben und darin alle Fragewörter, die er benützt hat, zu unterstreichen und auf ihre Legitimität hin zu untersuchen.

Auf einen letzten Aspekt der Fragetechnik sei noch hingewiesen: die Frage der Wahrhaftigkeit nämlich. Den Befragungsaktionen, die sich so intensiv mit dem Sexualleben auseinandergesetzt haben wie etwa die von Kinsey, ist sehr häufig zum Vorwurf gemacht worden, daß man sich einer Fragetechnik bedient hat, die nicht mehr als aufrichtig bezeichnet werden kann, weil sie etwas zur Voraussetzung machte, was nicht unbedingt der Wahrheit entsprach. Als Beispiel dafür könnte jene klassische Szene aus Hamlet herangezogen werden, in der es um die Frage geht, ob man mit dem „Lügenköter“ den „Wahrheitskarpfen“ fangen kann[7]. Im Falle der Kinseyschen Befragungen bestand sie darin, daß eine bestimmte Voraussetzung gemacht wurde, die einem von dem Befragten bisher noch nicht mitgeteilt wurde. Man fragte also nicht: „Betreiben Sie Masturbation?“, sondern man fragt: „Seit wann betreiben Sie Masturbation?“ Es kann unter Umständen auch in einem seelsorgerlichen Gespräch manchmal erleichternd wirken, wenn wir einiges, das unser Gegenüber offensichtlich nicht oder schwer aussprechen kann, weil er Schuldgefühle hat, als von uns selbstverständlich akzeptiert voraussetzen. Dies darf jedoch nie so weit führen, daß die innere Wahrhaftigkeit verlassen wird und daß unter Umständen ein solches Schuldgefühl, das das Aussprechen bestimmter Dinge verhindert, überspielt oder unerkannt beiseite gerückt wird. Es ist in jedem Fall besser herauszufinden, warum jemand über bestimmte Themen so schwer sprechen kann als eine raffinierte Technik zu erfinden, die dieses Hindernis beiseite räumen oder umgehen kann, ohne daß ich erfahre, warum es eigentlich aufgebaut wurde.

4. *Die bewußte Steuerung von Antworten*

Wir haben im folgenden die Antworten in der Gesprächsführung in ihrer Bedeutung für das Gespräch selber zu ermitteln. Wenn wir im folgenden eine Bewertungsskala von Antworten des Gesprächsleiters aufstellen, so erfolgt diese Bewertung nicht von inhaltlichen Kategorien aus, sondern von dem Gesichtspunkt aus, wie sich diese Antworten auf das weitere Gespräch auswirken, also eine Art psychischen Rückkopplungsmechanismus auslösen. Der Gesprächsführende muß sich darüber im klaren sein, daß jede seiner Antworten eine verbale Konditionierung des folgenden Gespräches darstellt. Nach experimentellen Untersuchungen läßt sich folgende Skala der konditionierenden Wirkung eigener Äußerungen aufstellen[8]:

---

[7] Shakespeare, Hamlet II. Akt, 1. Szene.

[8] Meili, Lehrbuch der psychologischen Diagnostik, S. 166 ff.

a) Als am stärksten auf das Gespräch und seine weitere Fortführung wirkend erweist sich der Einsatz von eigenen Erfahrungen. Überall da, wo der Gesprächsleiter auf eine Problemstellung seines Gegenübers mit einer eigenen Erfahrung reagiert, muß er damit rechnen, daß der Partner diese Eigenerfahrung als eine Art Norm empfindet, an der er sich auch zu orientieren hätte oder die er bei einer mehr negativen Übertragungslage unbedingt abzulehnen und zurückzuweisen hätte. Unter dem Gesichtspunkt der Weiterführung des Gespräches und der Provokation von neuen Mitteilungen des Partners muß der Einsatz von Eigenerfahrungen deshalb als ungeeignetes Mittel der Gesprächsführung angesehen werden. Es erscheint deshalb nur zulässig in Fällen, wo ein Ende des Gesprächs in Sicht ist und auch nicht beabsichtigt ist, dieses in einer weiteren Gesprächsreihe fortzusetzen.

b) Ähnlich verhält es sich mit dem Einsatz von Fremdbeispielen. Auch das Zitieren von fremden Erfahrungen erweist sich im Blick auf das Gespräch als Nötigung, sich positiv oder negativ an dieser Erfahrung zu orientieren, und blockiert somit in der Regel die Mitteilung weiterer eigener Erfahrungen.

c) Auch eigene Werturteile und Stellungnahmen können erst in einer Gesprächssituation auftauchen, in der die Mitteilungen des Partners zu einem gewissen Abschluß und Ende gekommen sind, weitere solcher Mitteilungen nicht mehr zu erwarten sind und auch nicht mehr provoziert werden sollen. Damit tritt das Gespräch in eine neue Lage ein, die unter Umständen in der Auseinandersetzung mit den Ansichten des Beraters zu den bisher geäußerten Erfahrungen und Informationen bestehen kann.

d) Ähnlich verhält es sich mit der Beantwortung von Fragen, die an den Gesprächsleiter gestellt werden. Solange die Vermutung bestehen muß, daß solche Fragen aus der Angst und Unsicherheit des Partners stammen und keine echten Informationsbedürfnisse darstellen, kann eine bündige und informative Beantwortung dieser Fragen nicht befürwortet werden. Es erscheint in diesem Falle wirksamer und sinnvoller, die Frage entweder an den Fragesteller zurückzugeben, was natürlich eine gewisse Frustration zur Folge haben wird, und man muß sich fragen, ob diese Frustration dem Fragesteller in diesem Augenblick zugemutet werden kann — oder indem man gemeinsam darüber nachdenkt, welche Funktion diese Frage jetzt im Gesprächsganzen überhaupt hat, warum sie gestellt wird und welche — vielleicht noch nicht ganz bewußten — Motive ihr zugrunde liegen. Erst wenn diese Frage einigermaßen geklärt ist, kann es selbstverständlich auch im Gespräch zu einer Beantwortung von Fragen kommen, die dann auch die Möglichkeit eröffnet, einen Themenkreis abzuschließen und zu weiteren Themenkreisen vorzudringen[9].

Diesen vier Möglichkeiten stehen jene Möglichkeiten gegenüber, die eine Weiterführung des Gesprächs provozieren und anregen können. Als solche Mittel seien genannt:

a) Zusammenfassungen. Hat der Gesprächsleiter das Gefühl, daß eine gewisse Thematik oder ein gewisser Problemkreis abgeschlossen ist und weitere Informationen hier nicht zu erwarten sind, erweist es sich als außerordentlich hilfreich, wenn er eine Zuammenfassung des bisher erfolgten Gespräches versucht, die unter Umständen von der Bitte an den Partner begleitet ist, das Verständnis des Gesprächsleiters von der augenblicklichen Gesprächssituation zu bestätigen oder anzuerkennen. Man muß sich nur darüber im klaren sein, daß eine solche Zusammenfassung notwendigerweise selektiv wirken muß, daß sie bestimmte Aspekte des bisher dargebotenen Materials auswählt und hervorhebt und somit in entscheidender Weise für die Weiterführung des Gespräches die Weichen stellt.

b) Eine gewisse Steuerung des Gesprächsganges wird sich vor allen Dingen da empfehlen, wo der Partner im Umgang mit verbalen Äußerungen nicht geübt ist, wo seine Gedanken und Assoziationen ihn so überschwemmen, daß es beinahe zu einer gewissen Ideenflucht kommt, und die Gefahr besteht, daß das Gespräch gleichsam über die Ufer tritt und zu einer konturenlosen Fläche verschwimmt. Hier kann die besondere Akzentuierung von Themen, die der Gesprächsleiter durch bestimmte kurze Bemerkungen unterstreicht und heraushebt, hilfreich werden.

c) Diese Akzentuierung und Bestätigung von bestimmten Themen und Gegenständen braucht nicht durch verbale Bemerkungen des Gesprächsleiters zu erfolgen. Bereits die Bestätigung durch zustimmende Laute wie „Hm!“ oder ähnliches vermögen — wie empirische Untersuchungen ergeben haben[10] — den Partner dazu zu provozieren und mehr oder weniger unbewußt zu beeinflussen, daß diese Themen im weiteren Verlauf des Gespräches häufiger auftauchen. In einer Versuchsanordnung hat man im Gespräch den Gebrauch von Pluralformen durch ein zustimmendes „Hm!“ bestätigt und statistisch nachweisen können, daß daraufhin der Gebrauch von Pluralformen im Gespräch erheblich zunahm gegenüber einer Gesprächssituation, in der diese unterstreichende Bestätigung nicht erfolgte.

[9] Vgl. Kamphuis, Die persönliche Hilfe in der Sozialarbeit, S. 80.

[10] Vgl. Interviewing, ... (Anm. 6), S. 198.

d) Schließlich muß sich der Gesprächsleiter darüber im klaren sein, daß es auch nichtverbale Antworten seinerseits gibt, ein Kopfnicken oder ein gespannter Gesichtsausdruck oder aber ein gleichgültiger geistesabwesender Gesichtsausdruck — alle diese Dinge werden vom Gegenüber sehr häufig gespannt verfolgt und wirken auch unbewußt in der Richtung, daß durch nichtverbale Kommunikation bestätigte und hervorgehobene Themen und Worte im weiteren Verlauf des Gesprächs öfter auftauchen als andere unbetonte.

Die bewußte Steuerung der eigenen Antworten dient im Gespräch dem einen Zweck, die Steuerung des Gesprächsverlaufes durch denjenigen, der dieses Gespräch zu führen hat, so bewußt wie möglich verlaufen zu lassen. Es ist eine Illusion anzunehmen, daß eine solche Steuerung durch die Antworten des Gesprächsführers völlig auszuschalten wäre. Wer diesen Satz vertritt, ist von einer realistischen Einschätzung der Gesprächssituation weit entfernt und wird deshalb, ohne daß er es merkt, steuernd und unter Umständen autoritär festlegend auf seinen Gesprächspartner wirken. Je bewußter man sich die eigenen Äußerungen macht und je klarer man sich über den Einsatz eigener Antworten wird, um so nichtdirektiver wird das Gespräch verlaufen, d.h. also, die Gefahr wird ein wenig herabgemindert, daß derjenige, der das Gespräch zu führen hat, nur das aus seinem Gegenüber herausfragt und ihn zu entsprechenden Äußerungen provoziert, was er selber hören will und was seinen bewußten oder unbewußten Erwartungsvorstellungen entspricht.

5. Der Seelsorger und das Problem des Methodenpluralismus

Die damit angeschnittenen praktischen Probleme bringen uns vor die grundsätzliche Frage, aus welchen Forschungsbereichen der Seelsorger methodische Anweisungen zur Gesprächsführung übernehmen kann, ohne seinem theologischen Grundprinzip untreu zu werden, demzufolge er seinem Gesprächspartner ein größtmögliches Maß an Freiheit vermitteln und gemeinsam mit ihm einüben sollte. Das Problem besteht vor allem darin, daß die wissenschaftlichen Bemühungen um die Methodik der Gesprächsführung sich in den letzten Jahren fast explosionsartig ausgeweitet haben. Dabei kann gar keine Rede mehr davon sein, daß die Seelsorge *einen* Gesprächspartner hätte, nämlich *die* Psychologie, sondern es muß sehr klar zwischen den verschiedenen Methoden der Gesprächsführung unterschieden werden, die auch auf völlig verschiedenen und zum Teil erheblich divergierenden theoretischen Modellen beruhen. Angesichts eines derartig verwirrenden Methodenpluralismus wird der Seelsorger nicht anders können, als mit Hilfe theologischer Kriterien eine Entscheidung darüber zu fällen, welcher der angebotenen Methoden er von seinen spezifischen Gesprächszielen her den Vorrang geben möchte oder welche methodischen Kombinationen ihm sinnvoll und möglich erscheinen. Wir möchten deshalb dieses Kapitel mit einer kurzen Übersicht über drei der wichtigsten methodischen Ansätze und ihre theologische Beurteilung abschließen.

a) Verhaltenstherapeutisch orientierte Gesprächsführung

Von Verhaltenstherapie sprechen erstmalig unabhängig voneinander Lazarus und Eysenck im Jahre 1958 bzw. 1959[11]. Es handelt sich also um eine verhältnismäßig junge Therapieform, die sich jedoch eine der ältesten Praktiken der Menschheit zunütze zu machen versucht, den Versuch nämlich, „das Verhalten zumindest ihrer jüngeren und schwächeren Artgenossen durch Belohnung, Bestrafung, Nichtbeachtung oder auch dadurch zu beeinflussen und auszuformen, daß sie alte Inhalte in neuen Zusammenhängen erscheinen läßt“[12]. Neu an ihr ist, daß Lernprozesse durch die Aufarbeitung eines großen Forschungsmaterials als ein bestimmten Gesetzmäßigkeiten unterworfenes Wechselspiel zwischen dem Individuum und seiner Umwelt interpretierbar gemacht werden konnten. Was lag näher als die Vermutung, daß es möglich sein müßte, „durch eine systematische Beeinflussung dieses Wechselspieles das Verhalten so zu ändern, daß unter den jeweiligen Möglichkeiten eines Menschen die realitätsangepaßteren und effizienteren gestärkt bzw. die störenden und ineffizienteren geschwächt werden“[13]. Diese Vermutung hat sich durch eine Fülle von Experimenten bestätigen lassen, die — aufbauend auf Pawlows berühmte „bedingte Reflexe“ — zunächst mit Tieren, in zunehmendem Maße aber auch mit Menschen durchgeführt wurden. Es kann gar kein Zweifel bestehen, daß durch klar definierbare Methoden wie klassisches Konditionieren, Desensibilisierung, Aversionstherapie, operantes Konditionieren, Verstärkungstechniken, Bestrafung, Löschung, Reizkontrolle, Modellernen — um nur die wichtigsten zu nennen[14] — menschliches Verhalten effektiv und wohl auch auf Dauer beeinflußt werden kann. Wünschenswertes Verhalten kann also durch „Verstärker“, die als sublime Formen der Belohnung eingesetzt werden können, herbeigeführt,

---

[11] Eysenck, Behavior Therapy and the Neurosis; Blöschl, Grundlagen und Methoden der Verhaltenstherapie.

[12] Cohen, Grundlagen der Verhaltenstherapie, in: WzM XXIII, 1971, H. 12, S. 460.

[13] Ebd., S. 462.

[14] Die einzelnen Verfahren werden ausführlich bei Blöschl a.a.O. (Anm. 11) beschrieben.

unerwünschtes Verhalten durch Bestrafungen allmählich eingedämmt werden. Allerdings hat sich gezeigt, daß alle Strafmethoden Angst und Aggression auslösen[15] und nur zu einer situationsabhängigen Unterdrückung des Verhaltens führen, lediglich der „systematische und kontinuierliche Entzug aller Zuwendung durch Nichtbeachtung", der „viele störende Verhaltensweisen zum Verschwinden bringen kann"[16], hat sich als eine Therapieform auf Dauer durchsetzen können. Die wichtigste verhaltenstherapeutische Maßnahme ist und bleibt aber offenbar die Belohnung, wobei sich herausgestellt hat, daß das beste Beispiel für einen „Verstärker zweiten Grades" das Geld ist, so daß viele verhaltenstherapeutische Anstalten mit einem eigenen Münzsystem arbeiten, für das eine möglichst große Zahl von für den Patienten interessanten Eintauschmöglichkeiten bestehen muß. Jede Art personaler Zuwendung, und sei sie noch so sublim, wird aber erfahrungsgemäß auch als sozialer Verstärker und Belohnung in Frage kommen. In diesem Sinne bemüht sich die Verhaltenstherapie also um eine Übertragung von Verantwortung an den Patienten, daß sie ihn die Konsequenzen seines Handelns, die als Lohn und Strafe auf ihn warten, selbst erleben läßt[17].

Selbstverständlich sah sich die Verhaltenstherapie mit diesem Programm sehr schnell einem Kreuzfeuer der Kritik ausgesetzt. Es ist vor allem der Vorwurf der „Manipulation", dem das Bemühen unterstellt wird, ein durch die Übermacht wirkungsvoller Methodik abgesichertes System zur Verhaltensbeeinflussung, notfalls auch gegen den Willen des Patienten, ins Werk zu setzen. Unter dem Druck dieser Kritik sah sich die Verhaltenstherapie genötigt, die Frage des Zustandekommens der therapeutischen Zielsetzungen und der damit verbundenen Wertungen vermehrte Aufmerksamkeit zuzuwenden. Indem man sich darum bemüht, soweit das möglich ist, gemeinsam mit dem Patienten genau festzulegen, „was in seinem Verhalten auf welche Weise geändert werden soll"[18], „so daß der Klient eine Entscheidung auf Grund echter Information treffen kann ... werden ethische Bedenken wegen manipulativer Tendenzen gegenstandslos"[19].

Ein weiterer kritischer Einwand, daß die Verhaltenstherapie zwar die manifesten Verhaltensstörungen, nicht aber deren verborgene Ursache angehe, wird weitgehend mit der lapidaren Bemerkung abgetan, daß der

[15] Gottwald, Verhaltenstherapie: Grundlagen, Ergebnisse, aktuelle Aufgaben, S. 44.
[16] R. Cohen, a.a.O. (Anm. 12), S. 470.
[17] Vgl. Gottwald, a.a.O. (Anm. 15), S. 48.
[18] R. Cohen, a.a.O. (Anm. 12), S. 463.
[19] Gottwald, a.a.O. (Anm. 15), S. 48.

Patient ja nur wegen der Beseitigung seiner vordergründigen Symptome komme, ihm also keineswegs eine tiefergehende Behandlung aufgedrängt werden dürfe. Die Frage, ob dadurch lediglich Symptomverschiebungen und keine dauerhaften Heilungen erzielt werden, wird erst beantwortbar sein, wenn ausreichend lange Zeit vergangen ist, um die langfristigen Therapieerfolge empirisch überprüfbar werden zu lassen.

In unserem Zusammenhang interessiert aber die folgende Fragestellung: Soweit ich sehe, gibt es noch kaum programmatische und geplante Versuche, die Methoden der Verhaltenstherapie in die Praxis der Seelsorge zu übernehmen, wiewohl in der nahen Zukunft sicher auch damit zu rechnen sein wird. Das Durchreflektieren der methodischen Wege und Ziele der Verhaltenstherapie wird aber dem Seelsorger einen anderen Dienst tun können: Es könnte ihm nämlich bewußtmachen, wie oft er sich verhaltenstherapeutischer Methoden bedient, ohne sich dessen bewußt zu sein oder sich darüber methodische Rechenschaft abzulegen. Überall da, wo der Seelsorger, wenn ein Thema zur Sprache kommt, das ihm besonders wichtig zu sein scheint, vermehrte Aufmerksamkeit, vermehrtes Interesse und vermehrte Zuwendung einsetzt, bedient er sich — oft ohne es zu ahnen — eines sozialen Verstärkers, der seinem Klienten — oft genauso unbewußt — bei diesem Thema verweilen oder darauf zurückkommen läßt. Überall da, wo in einem Gespräch ein bestimmtes Verhalten des Klienten mit einem Nachlassen der Zuwendungsintensität beantwortet wird, geschieht so etwas wie eine „Aversionstherapie", die zur Unterdrückung dieses Verhaltens oder der Abwendung der Aufmerksamkeit von diesem Themenkreis führt. Mir scheint, daß die Offenlegung der Gesetze, die bei emotionalen Lernprozessen eine Rolle spielen, einen Schlüssel abgeben zum Verständnis von psychischen Umschwüngen, wie sie bei Bekehrungserlebnissen eine Rolle spielen und neuerdings auch wieder bei neureligiösen Bewegungen wie den „Jesus-people" beobachtet werden können.

In theologischer Interpretation könnte dies heißen, daß Verhaltenstherapie und religiöse Orthodoxie einen Berührungspunkt in einem anthropologischen Pessimismus haben, der zu einer völligen Absolutierung des „extra nos" führt. Die Lösung eines Problems wird entweder von dem vorformulierten Behandlungsziel oder aber von der vorformulierten religiösen Antwort her erwartet, auf die hin — bewußt oder unbewußt — mit Hilfe sozialer Verstärker konditioniert wird. Der Eigenbeitrag des Betreuten innerhalb des therapeutischen oder seelsorgerlichen Prozesses selber muß somit auf ein Minimum absinken, Freiheit im Sinne von Bewußtseinserweiterung wird sich nicht ereignen können.

b) Klientenzentrierte Gesprächsführung

Es ist deshalb nur zu verständlich, daß sich nahezu als vollständiges Gegenbild zur Verhaltenstherapie eine Therapieform entwickelt hat, die von dem amerikanischen Psychologen Carl Rogers begonnen[20], seit dem Auftreten der Verhaltenstherapie sich immer stärker als deren Gegenpol zu profilieren sucht. Zunächst als „nichtdirektives“ Verfahren, später als „klientenzentrierte Therapie“, heute oft abgekürzt nur „Gesprächstherapie“ genannt, hat sie vor allem in den Vereinigten Staaten bereits weithin das Grundmodell für das seelsorgerliche Verhalten geliefert. Im Gegensatz zur Verhaltenstherapie geht die Gesprächstherapie keineswegs von einem inhaltlich vorformulierten Behandlungsziel aus, ihr Ziel ist es allenfalls, „dem Klienten eine Klärung seiner eigenen Gefühle, Wünsche und Wertvorstellungen zu ermöglichen und ihn dadurch in die Lage zu versetzen, sich gemäß seinen Zielen wirksamer mit seiner Umweltsituation auseinanderzusetzen“[21]. In ihrem theoretischen Konzept konzentriert diese Therapieform ihr Interesse in auffälliger Weise auf das Problem der Angst, und da vor allem auf deren soziale Komponente. Als das Kernproblem der Schwierigkeiten der Klienten werden die Ängste angesehen, die einen Menschen dazu bringen, in vielen alltäglichen Situationen nicht mehr zurechtzukommen, die Angst auch vor jeder Veränderung der inneren oder äußeren Lage, „die den Klienten daran hindert, von alleine neue Wege der Problembewältigung einzuschlagen“[22]. Oberstes Gesetz der Gesprächstherapie ist es deshalb, eine Atmosphäre angstfreier Kommunikation zu ermöglichen, in der der Klient weder durch unerwartete Interpretationen oder Deutungen „schockiert“, noch durch die Andeutung, er könne mit seiner Sichtweise unrecht haben, „angegriffen“ wird. Vordringlich geht es um eine Klärung der gegenwärtigen und momentanen Gefühle, jede Bezugnahme auf die Vergangenheit wird ausdrücklich abgelehnt. Der Klient bestimmt grundsätzlich selbst den Inhalt der therapeutischen Gespräche und sollte soweit kommen, selbst „in kleinen Schritten“ aktiv den Weg zur Lösung seiner Schwierigkeiten einzuschlagen. Als Ziel der Therapie taucht also nicht ein bestimmtes erwünschtes Verhalten auf, sondern lediglich größere Angstfreiheit, größere innere Freiheit, ein verstärktes Akzeptieren der eigenen Person und der eigenen Schwächen, größere emotionale Sicherheit, Selbständigkeit, Unabhängigkeit, Flexibilität und Initiative. Diese verbesserten

---

[20] Rogers, Client-centred Therapy.

[21] Bastine, Einführung in die Klienten-zentrierte Gesprächspsychotherapie, in: Praxis der Familienberatung bei WzM XXIII, 1971, H. 12, S. 481.

[22] Ebd., S. 482.

Lebensmöglichkeiten werden jedoch nicht von außen an den Klienten herangetragen, sondern sind das Ergebnis einer Art „Selbstexploration" des Klienten, durch die er mit Hilfe des Therapeuten seine eigenen Gefühle, aber auch seine eigenen bisher vielleicht brachliegenden inneren Möglichkeiten besser erkennt. Um dieses gemeinsame Ziel zu erreichen, wird dem Therapeuten ein bestimmter Katalog von Verhaltensweisen zur Auflage gemacht, den er sich mit Hilfe der kritischen Bewertung durch individuelle oder Gruppensupervision zu eigen zu machen hat. Mit seiner positiven Wertschätzung und emotionalen Wärme gegenüber dem Klienten, durch sein echtes und offenes Verhalten, seine aktive Teilnahme und sein entspanntes und angstfreies Verhalten, das zu neuen Betrachtungsweisen ermutigt, soll der Therapeut zu einer Verbalisierung der Erlebensinhalte des Klienten verhelfen und zugleich als ein Modell für ein entspannteres Problem-Lösungs-Verhalten wirken. Vor allem die Grundfunktion des „Spiegelns" ist von der Gesprächstherapie populär geworden, die mit Hilfe einer leicht erlernbaren Technik den Klienten immer wieder mit seiner augenblicklich vorhandenen Emotionaltät konfrontiert und sie ihm zur weiteren Stellungnahme zurückgibt.

So sehr es zu begrüßen ist, daß ein Seelsorger durch ein gewisses Training im Sinne der Gesprächstherapie seine unbewußt suggestiven und dadurch im Sinne der Verhaltenstherapie konditionierenden Verhaltensweisen etwas mehr zu kontrollieren lernt, so groß ist jedoch auch die innere Problematik, mit der uns die klientenzentrierte Methode konfrontiert. Mit der starken Konzentration auf die augenblickliche Gefühlslage und auf die augenblicklich bestehenden Ängste sowie mit dem totalen Verzicht auf eine biographische Einordnung und Deutung der Entstehungsgeschichte von Fehlverhaltensweisen wird der Klient nahezu ausschließlich auf das hic et nunc seiner gegenwärtigen Situation verwiesen. Das bringt die Gefahr mit sich, daß das eigentlich Intendierte, nämlich die Entdeckung neuer Lösungsmöglichkeiten im Konfliktfall sich nicht ereignen kann, sondern der Klient unbewußt und ungewollt auf die Verhaltensmuster zurückgreift, mit denen er sich in der Vergangenheit am stärksten identifizierte. Ein aufmerksames Studium solcher Gesprächsanalysen und Protokolle, wie sie etwa Faber/van der Schoot für den seelsorgerlichen Bereichen vorlegen[23], zeigt, daß die Lösung der darin geschilderten Konfliktsituation fast stets im Sinne der wirksamen Erziehungsmächte der Vergangenheit erfolgt, also keine wirkliche Freiheit und keine wirklich neue Erfahrung bedeutet.

---

[23] Faber/van der Schoot, Praktikum des seelsorgerlichen Gesprächs, vgl. vor allem S. 191 ff.

Man könnte somit sagen, daß die klientenzentrierte Gesprächsführung einen anthropologischen Optimismus vermuten läßt, der den Klienten lediglich auf sich selber und seine augenblicklichen Möglichkeiten verweist. Die lähmende und versklavende Macht vergangener Erfahrungen könnte so übersehen werden, die erstrebte Befreiung nicht tief genug ansetzen, die Erkenntnis, daß nur auf dem Wege einer sinnvermittelnden Deutung Befreiung von den Wiederholungszwängen möglich ist, unterschlagen und das „extra nos“ eines nicht nur spiegelnden, sondern als tatsächlicher Partner vorhandenen Gegenübers in seiner Bedeutung unterschätzt werden.

c) *Tiefenpsychologisch orientierte Gesprächsführung*

Daß wir für die in der Seelsorge zu praktizierende Gesprächsführung die Kenntnisnahme und das Einbeziehen von psychoanalytischen Denkmodellen für unerläßlich halten, wurde bereits mehrfach zum Ausdruck gebracht. Es sei in diesem Zusammenhang auf dem Hintergrund der verhaltenstherapeutischen und der klientenzentrierten Gesprächsführung lediglich noch das Folgende erwähnt: Sahen wir auf der einen Seite einen anthropologischen Pessimismus, der zu einer Verabsolutierung des extra nos als der für den Klienten belangvollen und wichtigen Instanz führt, so mußten wir auf der anderen Seite einen anthropologischen Optimismus konstatieren, der zur Eliminierung von denjenigen Elementen führt, die in der christlichen Tradition mit der Formel vom extra nos ausgedrückt werden. Es gilt also, dasjenige theoretische Konzept zu finden, das so etwas wie einen anthropologischen Realismus vertritt, der dazu führt, daß die Elemente der von außen kommenden Hilfe nicht auf Kosten der eigenen psychischen Ressourcen und Hilfsquellen erfolgt. Diesen Erfordernissen scheinen mir einige Elemente der tiefenpsychologischen Theoriebildung zu entsprechen, die deshalb in diesem Zusammenhang noch einmal zusammengestellt werden sollen.

1. Klaus Winkler hat kürzlich darauf hingewiesen, daß konstitutiv für eine tiefenpsychologische Betrachtung, welcher Schule sie sich auch immer zurechnen mag, ein Persönlichkeitsmodell sei, das davon ausgeht, daß einzelne Triebe oder Strebungen des Menschen vom Bewußtsein nicht akzeptiert sind und infolge dieser Verdrängung im Bewußtsein nur durch Konflikte und Symptome vertreten sind. Die dementsprechende Therapie würde dann darauf abzielen, „einen neuen und veränderten Umgang mit den gehemmten bzw. ins Unbewußte verdrängten Persönlichkeitsanteilen

zu ermöglichen“ [24]. Dagegen erhebt sich aber mit der gleichen Intensität, die einstmals zur Abweisung der verdrängten Persönlichkeitsanteile geführt hat, der Widerstand des Klienten. Mir scheint, daß mit der Erwähnung des „Widerstandes“, der sich gegen jeden Einsatz einer helfenden Beziehung erhebt, sei sie nun therapeutischer oder seelsorgerlicher Art, sich ein anthropologischer Realismus zu Wort meldet, der weder dem Klienten die grundsätzliche Fähigkeit abspricht, das für ihn Wichtige selbst vornehmen zu können, noch meint, daß mit der Rückführung auf den Klienten selbst und dessen eigenen Gefühle das Wesentliche bereits geschehen sei. Mit der Behauptung, daß sich gegen jede Bewußtseinserweiterung und damit auch Bewußtseinsveränderung ein Widerstand des Menschen erhebt, scheint mir die Tiefenpsychologie in unmittelbare Nähe zu bestimmten grundlegenden biblischen anthropologischen Einsichten zu kommen. Dem scheint mir die Erkenntnis zu entsprechen, daß auch die seelsorgerliche Gesprächsführung mit einem solchen Widerstand rechnen muß, daß sie ihn in ihre methodischen Überlegungen einbeziehen und zu seiner angemessenen Bearbeitung und Berücksichtigung über das entsprechende Rüstzeug verfügen muß.

2. Als das angemessene Instrument dieser Widerstandsbearbeitung gilt in der Tiefenpsychologie allgemein der reflektierte Umgang mit der Übertragung. Wir haben deshalb so ausführlich auf die damit gegebenen Zusammenhänge verwiesen, um deutlich zu machen, daß sie in jedem Fall auch in der seelsorgerlichen Beziehung eine Rolle spielen. Sie lassen aber nun auch eine religiöse Deutung zu. Wie wir am Beispiel der Freudschen Interpretation der Heilung des Gichtbrüchigen zu zeigen versuchten [25], ist die Aufforderung zur schrankenlosen Übertragung keine menschliche und auch keine seelsorgerliche Möglichkeit. Es kommt vielmehr darauf an, die Übertragungserwartungen und Übertragungshoffnungen des Klienten im wahrsten Sinne zu enttäuschen [26], in eine auf Realität statt auf Wiederholungszwang gegründete Beziehung zu verwandeln.

3. Diese Funktion übernimmt nach tiefenpsychologischer Theorie weithin die Deutung. Sie ist mehr als die in der Gesprächstherapie konzipierte „Selbstexploration“ [27]. Sie versucht vielmehr das, was als sinnloser Wider-

---

[24] Winkler, Tiefenpsychologisch orientierte Beratung in: WzM XXIII, 1971, H. 12, S. 450.

[25] Vgl. S. 23 f.

[26] Vgl. dazu den Abschluß der Falldarstellung bei Winkler, a.a.O. (Anm. 24), S. 459.

[27] Ich möchte deshalb auch Bedenken gegen die von H. J. Thilo kürzlich vorgeschlagene Vermischung von Selbstexploration und Deutung anmelden! (Vgl. Thilo. Beratende Seelsorge, S. 93).

stand die Gesprächssituation erschwert, unter Einbeziehung der Übertragungs- und Gegenübertragungsphänomene als sinnvollen Wiederholungszwang einsichtig zu machen und mit Hilfe der Modelle, die Geschichte gewordene Menschheitserfahrung gesammelt und in den großen Dokumenten religiöser Erfahrungen aufbewahrt hat, auch in einen überindividuellen Deutungszusammenhang zu bringen. Was einer mit seinem Vater erlebt hat und was er in der Übertragung in Andeutungen auch in seiner Beziehung zum Seelsorger erlebt, ist nun nicht mehr sinnloses Einzelschicksal, sondern sinnvolle „ödipale" Erfahrung. Was er an Versagungen durch seine Mutter erlebte, ist nicht mehr deren individuelle Unfähigkeit, sondern gemeinsames Erfahrungsgut aller „oral Frustrierten", die die Fleischtöpfe Ägyptens verlassen mußten zur entbehrungsreichen und ungewissen Wüstenwanderung. Es scheint mir diese Einordnung in ein Sinnganzes zu sein, die Unsägliches und bisher Unerhörtes in eine sinnvolle mitmenschliche Erfahrung verwandelt, die es dem Klienten allmählich ermöglicht, auf die Durchsetzung seiner infantilen Wünsche zu verzichten, seinen Widerstand zu mildern, aus dem Wiederholungszwang des ewig Gleichen auszubrechen und in ihm langsam die Hoffnung wachsen läßt, daß auch er neue Erfahrungen machen kann, seine Welt so verändern kann, daß auch ihm Glücksmöglichkeiten offenstehen.

§ 5 Kritische Punkte der Gesprächsführung

LITERATUR:

Otto Jäger, Erziehung zum Gespräch, in: Wege zum Menschen. 16, 1964, S. 225 ff.

Hans Citron, Über das Gespräch, in: Wege zum Menschen. 16, 1964, S. 417 ff.

Ulrich Moser, Gesprächsführung und Interviewtechnik, in: Psychologische Rundschau. 15, 1964, H. 4, S. 263 ff.

Ludwig Pongraz, Das psychologische Explorationsgespräch, in: Psychologische Rundschau. 8, 1957, H. 3, S. 195 ff.

Hans Joachim Thilo, Beratende Seelsorge, Göttingen 1971.

THESE:

> Eine verantwortliche Gesprächführung muß im Auge behalten, daß jede Gesprächsführung auch angstauslösend wirkt. Man muß über ausreichende Denkmodelle verfügen, die eine Hilfe dazu bieten, die Angstentwicklung beobachten, deuten und eventuell beeinflussen zu können. Auch die möglichen Auswirkungen des Gesprächs auf das soziale Umfeld müssen bedacht werden. Die Gefahr des Agierens, des Abbruchs sowie die Entstehung möglicher Abhängigkeiten müssen in ihrer Verursachung gesehen und angemessen beantwortet werden.

Wir hatten bisher für eine stärkere Bewußtheit im Gespräch plädiert und haben bisher das Schwergewicht auf die Beobachtung und Bewußtwerdung der eigenen Reaktionen, dem bewußten Einsatz einer Fragetechnik und dem Auswirken möglicher eigener Antworten Aufmerksamkeit zugewandt. Es gilt nun, diese Aufmerksamkeit auch auf den Partner des Gespräches auszudehnen und sich der Frage zuzuwenden: Was bedeutet das Gespräch für ihn, welche inneren Vorgänge werden unter Umständen in ihm ausgelöst. Dabei ist zu beachten, daß die subjektive Reaktion auf eine Gesprächssituation immer eine doppelte ist. Auf der einen Seite wirkt jede neue und unbekanne Situation mehr oder weniger bewußt angstauslösend. Auf der anderen Seite vermag ein Gespräch außerordentliche Befriedigungsgefühle hervorzurufen. Wir werden solche meist unbewußt und unausgesprochen bleibende gefühlsmäßige Reaktionen des Ratsuchenden nur verstehen können, wenn wir uns ein ungefähres Bild machen können, was in ihm vorgeht. Dazu eignet sich in besonderer Weise das Denkmodell von der Psyche, das die Psychoanalyse entworfen hat. Ein wenig beachteter weiterer Gesichtspunkt ist die Tatsache, daß jedes Gespräch, vor allen Dingen, wenn es sich über einen längeren Zeitraum erstreckt, auch eine Auswirkung auf das soziale Umfeld des Beteiligten hat. Man muß sich darüber im klaren sein, daß die Möglichkeit, ein Vertrauensverhältnis außerhalb einer familiären Situation könne einen Rückkopplungseffekt wiederum auf die familiäre Situation haben, sehr groß ist. Es ist die einhellige Erfahrung aller Erziehungs- und Eheberatung, daß die Aufnahme eines solchen Gespräches zunächst keineswegs zu einer Entlastung der sozialen Situation, sondern zu einer Verschärfung führt. Dadurch, daß sich der Partner bei einem Seelsorger oder Berater angenommen und verstanden fühlt, können unter Umständen seine aggressiven Impulse im sozialen Umfeld leichter ausagiert werden, und wir erleben es häufig, daß Eltern oder Ehepartner voller Entsetzen sich an den Seelsorger oder an den Berater wenden, weil die erhoffte „Besserung" keineswegs eingetreten ist, sondern zunächst einmal eine Verschärfung eintritt. Sehr häufig führt das Gespräch auch dazu, daß es zu bestimmten Aktionen des Gesprächspartners kommt, die sich entweder außerhalb der Gesprächssituation oder innerhalb der Gesprächssituation ereignen und die in einer direkten kausalen Verbindung zu bestimmten Gesprächssituationen stehen. Dieses Agieren unseres Gesprächspartners hat bisher viel zuwenig Aufmerksamkeit gefunden. Es bietet sehr häufig den Schlüssel für das Verständnis von sehr schwierigen Gesprächssituationen. Es ist in jedem Falle der Hintergrund von Gesprächsabbrüchen oder von dem Verhalten der sogenannten „Kleber", jener Menschen, die die Gesprächssituation nicht als eine Partnerschaft auf Zeit akzeptieren können, sondern die diese Beziehung ad infinitum auszudehnen gedenken. Wir möchten alle diese Punkte als kritische Situation innerhalb der Gesprächsführung noch einmal einer bewußten Beobachtung und Betrachtung zuführen.

1. Das Angstproblem im Gespräch

Die frühe Psychoanalyse hatte ein Konzept der Angst entwickelt, das, ähnlich wie *Søren Kierkegaard*, die Angst in Verbindung mit dem triebhaften Geschehen innerhalb der menschlichen Psyche brachte[1]. Die Beobachtung, die *Freud* bei seinen Patienten machte, daß an Stelle von libidinöser Triebhaftigkeit Angst auftreten kann, führte zu der vor-

[1] Vgl. zum folgenden: Scharfenberg, Das Problem der Angst im Grenzgebiet von Theologie und Psychologie, in: WzM 1968, H. 7/8, S. 314 ff.

schnellen Vermutung, daß Libido in Angst umgesetzt wird. Diese Angsttheorie mußte später abgeändert und umgekehrt werden. Man schloß sich der Differenzierung Kierkegaards, zwischen Angst und Furcht zu unterscheiden, an und konnte den Satz aufstellen, daß die Furcht die Reaktion auf eine äußerlich wahrnehmbare Gefahrenquelle ist, während Angst das Gefahrensignal einer inneren Bedrohung gegenüber darstellt. Als diese innere Bedrohung muß jene Situation angesehen werden, in der das Ich der bewußten Persönlichkeit entweder von dem triebhaften Bereich im Es her überschwemmt wird oder von dem gleichfalls unbewußten Bereich des Über-Ichs so eingeengt ist, daß es in den Affekt der Angst gerät. Dieses Denkmodell von der menschlichen Psyche wird sich nun auch hilfreich erweisen, wenn wir ermitteln wollen, was es eigentlich für eine Angst ist, die im Gespräch fast immer eine Rolle spielt. Beim ersten oberflächlichen Hinsehen könnte man den Eindruck gewinnen, daß es die Fremdheit und Neuartigkeit der Situation ist oder die Sorge, von dem unbekannten neuen Gesprächspartner in unangenehme Situationen gebracht zu werden. Bei näherem Hinsehen und bei vertiefter Erfahrung von der Gesprächssituation müssen wir jedoch annehmen, daß die Angst, die sich im Gespräch manifestiert, auch mit dem triebhaften Geschehen innerhalb der menschlichen Psyche zu tun hat. Auch in der Gesprächssituation können wir andeutungsweise triebhafte Vorgänge beobachten. Wir unterscheiden zwei grundlegende Gruppierungen: einmal jene triebhaften Impulse, die vom Es ausgehen, dazu führen, daß man sich des Gesprächsgegenübers auf irgendeine Weise zu bemächtigen sucht, und zum anderen die triebhaften Impulse, die vom Über-Ich ausgehen, die eine Identifizierungstendenz aufweisen, deren Ziel es ist, so sein zu wollen wie das Gegenüber im Gespräch.

Zu a). Bei einer Einverleibungstendenz, die sich im Gespräch unter Umständen auf sehr sublime Weise bemerkbar machen kann, müssen wir wieder zwei verschiedene Möglichkeiten unterscheiden, entweder ein Dominieren der aggressiven Grundstruktur oder ein Dominieren der libidinösen Grundstruktur. Versucht ein Gesprächspartner, die Einverleibungstendenz durchzuführen, so wird er bei der aggressiven Grundstruktur in seinem Gegenüber einen Verbündeten bei den Aggressionen sehen, die er nach außen hin gegen etwaige Partner oder Beziehungspersonen hat. Der Ratsuchende sucht sich des Beraters oder Seelsorgers aggressiv zu bemächtigen. Er versucht, ihn durch alle möglichen Verhaltensweisen zu einem bestimmten Verhalten zu provozieren, ihn in eine bestimmte Rolle zu drängen, ihn zu bestimmten Maßnahmen zu veranlassen. Bei einem Dominieren der libidinösen Triebstrukturen versucht der Ratsuchende, sich in ein infantiles Abhängigkeitsverhältnis zu begeben und sich auf diese Weise des Beraters libidinös zu bemächtigen, indem er an seine Hilfsbereitschaft, sein gutes Herz, sein Mitleid intensiv zu appellieren versucht. Wir hatten unter dieser Kategorie bereits den masochistischen Triumph kennengelernt. Die dynamische Tendenz eines solchen Gesprächs ist es, den Berater oder Seelsorger in das triebhafte Geschehen zu verstricken. Es kommt dadurch zu einem Anwachsen des triebhaften Bereiches überhaupt, der kräftig stimuliert wird. Dies bedeutet aber eine Schwächung des Ichs, und das Ergebnis dieser Tendenz ist in jedem Fall vermehrte Angst. Wir hatten bereits darauf hingewiesen, daß die Angst des Ratsuchenden auch die Angst des Beraters stimulieren kann, so daß er immer wieder in der Gefahr steht, hier bestimmte Fehler in der Gesprächsführung zu machen. Wir können sie etwa so zusammenfassen, daß ein solches fehlerhaftes Verhalten darin bestehen kann, dem Ratsuchenden recht zu geben in seinem Kampf gegen irgendwelche Beziehungspersonen oder seinerseits aggressiv zu reagieren auf die aggressiven Tendenzen seines Gegenübers oder aber, daß er sich des Ratsuchenden zu bemächtigen sucht, ihn unter seine Fittiche nimmt, aktiv in sein Leben eingreift und ihn zu gestalten versucht, oder aber, daß er seine Zuwendung je nach den Anforderungen des Ratsuchenden steigert. Die Dynamik einer solchen Beziehung wird also dann in einer ständigen Steigerung der Ansprüche bis zu einem lawinenartigen Anwachsen führen. Wir müßten uns darum bemühen, solche Angstentwicklungstendenzen frühzeitig zu erkennen und dadurch beeinflussen und steuern zu können. Dies wird dadurch geschehen, daß man selbst keine Stellungnahmen und Urteile preisgibt, sich zu affektiven Reaktionen nicht hinreißen läßt, keine aktiven Ratschläge gibt und die Zuwendungsintensität keinen Schwankungen unterliegen läßt, statt dessen zum Ausdruck bringt, daß man bereit ist, den Ratsuchenden auch in seiner Angst anzunehmen, daß man für eine gleichmäßige Temperatur der Gefühlsstimmung zu sorgen sucht, ein gleichmäßiges Interesse für alles, was der Betreffende vorträgt, zum Ausdruck bringt und ihm einen klar bemessenen Zuwendungsraum zur Verfügung stellt. Damit muten wir dem Ratsuchenden eine Versagung auf der triebhaften Ebene zu, wir bieten ihm aber ein anderes Befriedigungserlebnis an, das auf der Ebene des Ichs liegt. Wir stellen ihm nämlich in Aussicht, daß wir zu einem besseren Verständnis seiner selbst, etwaiger Beziehungspersonen und der Situation kommen können. Damit wird aber etwas, was zumindest bedrohlich erschien, überschaubar, und so tritt eine entängstigende Wirkung ein.

Ähnliche Gefahren birgt die Identifizierungstendenz. Auch sie ist bei aggressiver und libidinöser Dominanz möglich. Sie führt bei aggressiver Dominanz zu jener bekannten Erscheinung, die *Anna Freud* die Identifizierung mit dem Aggressor genannt hat[2], d.h. daß der Gesprächspartner den Berater oder Seelsorger in jedem Fall als aggressives Element empfindet, ihm aber dadurch zu entgehen versucht, daß er sich mit ihm identifiziert. Bei libidinöser Dominanz kommt es zu einer passiven Unterwerfung, die etwa in der ständigen Redeweise: „Sagen Sie mir doch bitte meine Fehler! Sagen Sie mir, was ich tun soll!" zum Ausdruck kommt. Die Tendenz eines solchen Gespräches besteht darin, den Berater oder Seelsorger zum Über-Ich des Ratsuchenden zu machen. Dadurch würde ein neuer Verdrängungsschub eingeleitet, es würde zu einer neuen Einengung des Ichs kommen, es würden neue Ängste ausgelöst. Diese Tendenz kann durch falsches Verhalten in der Gesprächssituation verstärkt und vertieft werden. Es muß dieses falsche Verhalten darin gesehen werden, daß der Seelsorger oder der Berater den Tendenzen seines Gegenübers zu entsprechen versucht und recht lieb zu ihm zu sein versucht, daß er sich zu moralischen Werturteilen hinreißen läßt oder versucht, den Ratsuchenden zu gestalten und in bestimmte Richtungen zu manipulieren. Auch ein zu voreiliges Einsteigen in die spezifisch seelsorgerliche Rolle, mit der man sich zum Über-Ich des anderen macht, wird hier verhängnisvolle Folgen haben. Die innere Dynamik dieser Gesprächssituation besteht nämlich in einem Teufelskreis, wo aus Schuldgefühlen Ängste und aus Ängsten Schuldgefühle entstehen. Statt dessen wird der Seelsorger oder Berater immer er selber sein müssen, sich niemals in eine ihm fremde Rolle hineinmanövrieren lassen, d.h. daß er sich nicht festlegen läßt im Urteil, aber sich auch nicht zu Unwahrhaftigkeiten verleiten läßt. Er gibt Wünsche, die an ihn gestellt werden, zunächst einmal als Frage an den Betreffenden zurück und ist sich darüber im klaren, daß das seelsorgerliche Element zunächst einmal in der Verleiblichung der Annahme des Menschen, der zu ihm kommt, besteht. Damit wird auch wieder eine Versagung zugemutet, indem wir die Über-Ich-Rolle ablehnen, aber in Aussicht stellen können, daß wir unsere Hilfe dafür anbieten, den Raum der Freiheit zu bewältigen. In einer sachkundigen Partnerschaft auf Zeit können wir uns darum bemühen, das Leben des anderen ein Stück weit in Obhut zu nehmen und dazu zu helfen, illusionäre Schuldgefühle abzubauen. Angst und Schuld sind die ständigen Wegbegleiter in den Gesprächs-

[2] Anna Freud, Das Ich und die Abwehrmechanismen, S. 85 ff.

situationen, in denen es um eine helfende Beziehung geht. Wir können auch diese Sorge in ein mitmenschliches Erleben verwandeln und dadurch angstlindernd wirken[3].

2. *Die Auswirkungen des Gesprächs auf das soziale Umfeld*

Jede Gesprächssituation, vor allen Dingen, wenn es sich um eine über einen längeren Zeitraum geführte Gesprächsreihe handelt, hat einen Rückkoppelungseffekt auf das soziale Umfeld, in dem der Betreffende steht. Sehr viele solcher sozialen Umfelder sind oftmals sehr sorgfältig ausbalancierte Beziehungsgefüge, die sofort in Unordnung geraten, wenn eine fremde Person in dieses Feld einbezogen wird[4]. In aller Regel bedeutet die seelsorgerliche oder Beratungsbeziehung zunächst eine Stärkung für denjenigen, der diese Beziehung aufnimmt. Er fühlt sich deshalb etwas stärker, auch in seinen sozialen Bezügen aggressiver sein zu dürfen, aktiver zu werden, kritischer zu werden. Damit stellen sich als indirekte Folgen der Gesprächssituation Veränderungen in diesen Feldern der sozialen Bezüge ein. Besonders wenn der Seelsorger Kontakt aufnimmt mit anderen Personen eines sozialen Feldes, steht er in der Gefahr, in das dynamische Kräftespiel einbezogen zu werden. Man spielt ihn gegen andere aus. Oftmals werden dann solche Situationen so unübersichtlich, daß man sich kaum mehr herausfindet.

Wir müssen uns deshalb methodisch klarmachen, welche Möglichkeiten hier zur Verfügung stehen:

a) Die leichteste und klarste Möglichkeit ist es immer, wenn wir einem familiären Konflikt gegenüberstehen, nur mit einer Person aus diesem Konfliktfeld Kontakt aufzunehmen und sich standhaft zu weigern, andere Kontakte zu schließen. Wenn der Wunsch auftaucht, daß auch andere Personen aus diesem Konfliktfeld in Gespräche einbezogen werden, sollte unbedingt jemand anderes zugezogen werden, der diese Gespräche führt. Wir können uns dann einigermaßen darauf verlassen, daß die Information, die wir bekommen, von einer Person stammt, wir fühlen uns auch als Partner dieser einen Person und werden versuchen, ihr im Gespräch weiterzuhelfen und dadurch eine indirekte Rückwirkung auf das soziale Feld zu erreichen.

b) Die zweite Möglichkeit wäre eine Doppelberatung. Sie besteht darin, daß zwei Menschen gleichzeitig oder hintereinander zur Beratung

[3] Vgl. Bally, Ärztliche Behandlung als dialogische Leidenshilfe, in WzM 9, 1957, S. 209 ff.

[4] Vgl. Lewin, Die Lösung sozialer Konflikte, Nauheim 1953, S. 128 f.

kommen. Diese Gesprächssituation muß von allem Anfang an darauf Rücksicht nehmen, daß sie eine Dreiersituation darstellt. Sie kann eigentlich auch nur in Dreiergesprächen befriedigend zum Abschluß gebracht werden.

c) Doppelberatung mit zwei Beratern. Sie wird sich dann empfehlen, wenn eine außerordentlich starke Konfliktsituation — Ehekonflikt oder Eltern-Kind-Konflikt — besteht, und wenn diese Konfliktsituation durch das starke Überwiegen, die Dominanz eines der beiden Partner geprägt ist. In solchen Situationen erweist es sich hilfreich, wenn jeder der Gesprächspartner auch einen eigenen Partner in einem solchen Vierergespräch hat, an den er sich dann in aller Regel auch besonders stark wendet. Bei solchen Vierersituationen kann man zu Zweiergesprächen auseinandergehen und beliebig wieder zur Vierersituation zusammenkommen.

d) Die hohe Schule seelsorgerlicher Beratungsarbeit ist schließlich die Beratung eines ganzen Feldes. Sie wird in den Vereinigten Staaten durchgeführt, hat aber ein außerordentlich großes Maß an Übersicht und eigener Kontrolliertheit zur Voraussetzung für den Berater. Sie scheidet also beim gegenwärtigen Ausbildungsstand der seelsorgerlichen Beratung bei uns in Deutschland praktisch aus, stellt aber natürlich eine ideale Form der Gesprächsführung dar.

Fragen wir uns, was geschieht, wenn die Gesprächsreihe so gelaufen ist, wie wir es uns wünschen, wenn es zu einer Ichstärkung gekommen ist, wenn es zu einer Erweiterung des Verstehens, ja zu einem Stück Reifung gekommen ist. Der Rückkoppelungseffekt auf das soziale Umfeld wird dann in einer gewissen Distanz diesem Feld gegenüber bestehen, vor allem aber in der Einsicht in das, was dort wirklich geschieht, und schließlich in einer Änderung der eigenen Haltung und der Möglichkeit, die Haltung anderer zu beeinflussen. Unser Ziel wird in jedem Fall im Blick auf das soziale Feld eine Affektentlastung sein und das Verstehen von Aktion und Reaktion im dynamischen Kräftespiel der sozialen Bedürfnisse.

3. *Das Agieren*

Nachdem wir uns die Auswirkungen des Gesprächs auf die soziale Situation deutlich gemacht haben und erkannt haben, daß das Gespräch zu einem Agieren außerhalb der Gesprächssituation führen kann, möchten wir uns das Agieren im engeren Sinne deutlich machen, nämlich Veränderungen der Gesprächssituation, die durch affektive Schwankungen in der Psyche unseres Gesprächspartners zustande kommen. Wir hatten gesehen, daß sie in aller Regel etwas mit der Angst unseres Gegenübers zu tun haben, die wiederum ein Signal dafür ist, daß affektive Gefühlsäußerungen in die Gesprächssituation einzudringen drohen. Sie können aggressiver oder libidinöser Art sein. Es wird wichtig sein, diese Affektlage unseres Gegenübers möglichst bald zu übersehen und ihr eventuell hilfreich begegnen zu können. Deshalb unterscheiden wir drei große Gruppierungen, die uns helfen sollen, das Agieren unseres Gesprächspartners im Gespräch zu erkennen[5]:

a) Änderungen in der Kommunikationsmodulation;
b) Änderungen in der Kommunikationsintensität;
c) Änderungen im Kommunikationsinhalt.

a) Unter Änderung in der Kommunikationsmodulation verstehen wir alle jene kleinen, kaum wahrnehmbare Anzeichen dafür, daß gefühlsmäßig im anderen etwas vorgeht. Sie können sich bereits im häufigen Räuspern oder Husten ausdrücken, das immer auch ein Anzeichen ist, daß der Betreffende unter einer gewissen Affektspannung steht. Sie äußern sich im Wechsel der Stimme: Ich habe kürzlich ein Gespräch führen müssen, das allerdings einer Prüfungssituation sehr nahe kam, in dem das Gegenüber offensichtlich durch Angst und Unsicherheit dazu veranlaßt wurde, daß die Stimme immer höher in den Kopf hineinwanderte und alle Resonanz im Zwerchfell und Bauch verlor. Sehr hastiges und aufgeregtes Sprechen ebenso wie plötzliche Dehnungen der Sprache weisen darauf hin, daß starke Gefühle im Spiel sind, die das Gegenüber in seiner Kommunikationsbereitschaft beeinflussen.

b) Änderungen in der Kommunikationsintensität können sich einmal dadurch bemerkbar machen, daß die Einfallskette meines Gegenübers plötzlich zum Stillstand kommt, daß er überraschende Zeichen von Müdigkeit äußert, zu gähnen beginnt und daß schließlich das Gespräch ganz ins Schweigen ausläuft. *Moser*[6] hat darauf hingewiesen, daß die Pause sehr häufig die Folge einer Unterdrückung von peinlichen Einfällen ist. Sie geschieht zur Vermeidung eines durch das Gespräch ausgelösten Affektdurchbruchs. In ihr liegt eine Aufforderung an den Gesprächsleiter, die aktive Gesprächsführung zu übernehmen. Mein Gegenüber wechselt von der spontanen Aussage zur passiven Verteidigung seiner gefühlsmäßigen Position. Er versucht eine Rollenverschiebung. Wenn wir uns deutlich machen und wenn wir uns darüber im klaren sind, daß die Pause einmal der Ausdruck der Angst sein könnte, daß Affekte zu stark werden, wenn sie ausgesprochen werden könnten, oder zum andern, daß das

[5] Nunberg, Allgemeine Neurosenlehre, S. 281 ff.
[6] Moser, Gesprächsführung und Interviewtechnik, in: PR XV, 1964, H. 4, S. 263 ff.

Reden über ein Gefühl den heimlichen Genuß dieser Gefühlslage stören könnte, so ist deutlich, daß die Verbalisierung der Entladung oder der Bindung von Affekten dienen kann. Sie ist deshalb ein Bestandteil der Affektkontrolle. Ebenso kann die Pause und das Ertragen einer Pause die Spannung im Gespräch natürlich ungeheuer steigern. Wenn man eine Pause wirklich austrägt, so heißt dies eine ungeheure Spannungsintensität in Kauf zu nehmen. *Schultz-Hencke*[7] nennt einmal fünf Gründe des Schweigens, die darin bestehen, erstens daß ein persönliches Geheimnis im Hintergrund steht, das man nicht preisgeben will; zweitens das Geheimnis eines anderen, das man hüten will; drittens Kritik am Gegenüber; viertens Kritik am Verfahren und Furcht vor einem möglichen vorgestellten Effekt; fünftens ausgesprochen positive Gefühle für das Gesprächsgegenüber. Auf diesem Hintergrund wird deutlich, daß die Frage, wie lange man eine Pause kommentarlos ertragen will, eine außerordentlich wichtige Frage ist. Empirische Untersuchungen haben gezeigt, daß eine Pause von etwa drei bis zehn Sekunden die Kommunikationsintensität, die nach dieser Pause einsetzt, nicht wesentlich beeinträchtigt, daß aber nach einer Pause, die länger als zehn Sekunden gedauert hat, der Gesprächspartner dazu neigt, kürzere Antworten zu geben[8]. Je länger das Schweigen währt, um so geringer ist die Chance, daß es vom Gesprächspartner beendet wird. Die Wahrscheinlichkeit, daß der Gesprächsführer selber in Angst kommt und deshalb danach trachtet, das Gespräch so schnell wie möglich wieder in Gang zu bringen, verursacht sehr häufig Themawechsel und damit sogenannte Gesprächsknicke. Die günstigste Beendigung der Situation der Einsilbigkeit oder einer Pause ist dann gegeben, wenn zwischen beiden Gesprächspartnern plötzlich ein Gegenstand des gemeinsamen Interesses gefunden wird und auftaucht. Sehr hübsch beschreibt das *Hans Citron*[9] einmal an einem Zufallsgespräch, das er in einem Omnibus mitgehört hat zwischen einer Studentin und einem offensichtlich neu gewonnenen Bekannten. Das Gespräch begann: „Wie lange sind Sie in B.?“ Es erfolgt die Antwort, dann lange Pause. „Was studieren Sie?“ Antwort — Pause. So ging es einige Zeit fort. Auf einmal, völlig unvermittelt, sagt das junge Mädchen zu ihrem Partner „Lieben Sie Katzen?“, und dieser Satz stieg zwischen den beiden auf wie ein roter Luftballon. Beide sahen zu dem Ballon auf und begegneten sich. Nach dieser seltsamen Testfrage wurde das Gespräch leiser, lebhafter und hatte recht eigentlich erst begonnen.

[7] Schultz-Hencke, Lehrbuch der analytischen Psychotherapie, S. 214 ff.
[8] Richardson/Dohrenwendt/Klein, Interviewing, its Forms and Functions, S. 204.
[9] Citron, Über das Gespräch, in: WzM 16, 1964, S. 420.

Häufig erleben wir auch das Gegenteil des Stockens des Mitteilungsflusses, wir erleben eine außerordentliche Steigerung der Kommunikationsintensität, so daß uns unser Gegenüber schließlich wie ein monologisierender Dauerredner vorkommt[10]. Diese Menschen gehören oft der schizoiden oder hysterischen Charakterstufe an. Hier verbindet sich oft eine Art Ideenflucht mit einer gewissen Starrheit der Gedankenabläufe. Der monologische Dauerredner ist immer der Verkünder einer Teilwahrheit, die er der Botschaft eines Größeren abgelauscht hat und die er unter Provokation eines gesuchten Martyriums mit überbetontem Pathos weiterverkündet. *C. G. Jung* hat diesen Menschentyp den „Jüngerarchetypus" genannt[11]. Ihm gegenüber käme es darauf an, das gesuchte Martyrium nicht Wirklichkeit werden zu lassen, sondern in äußerster Sachlichkeit den Redefluß über sich ergehen zu lassen, auch wenn es uns belanglos erscheint, und nach belangvollen Fakten zu fahnden.

c) Änderungen im Kommunikationsinhalt, durch die es plötzlich zu Gegenfragen, zu Ablenkungsmanövern, zu Themaverschiebungen, zu Überhöflichkeit und Willfährlichkeit, zu vagen Angaben, zu stereotypen Wiederholungen oder auch aggressiven Äußerungen kommt, deuten mit ganz besonderer Klarheit darauf hin, daß jetzt der Zustand einer Affektspannung eingetreten ist. Wir werden zunächst einmal nach Schlüsselworten suchen, die wir in das Gespräch zurückgeben, aber überall da, wo wir den Eindruck haben, unser Gegenüber gerät in eine zu starke Affektspannung, durch Themawechsel eine Entlastung geben können, dabei aber immer im Auge behalten, daß wir die Ursachen dieser starken Affektspannung und -stauung unbedingt irgendwann im Gespräch erfahren müssen[12].

4. Abbruch

Ein Gespräch kann entweder deshalb abgebrochen werden, weil der Klient von sich aus geht oder darum bittet, das Gespräch beenden zu dürfen, oder weil der Seelsorger die Unmöglichkeit eines weiteren Gespräches sieht. Es kann aber auch sein, daß eine Pause sich so lange ausdehnt, daß den Seelsorger eine Panik packt und er das tut, was der katholische Pastoralpsychologe *Walter De Bont* einen Schuß ins Blaue nennt[13]: irgendeinen beliebigen Einfall auf den Tisch zu bringen, der dann in aller Regel auch nicht mehr in der Lage ist, das Gespräch weiter zu

[10] Jäger, Erziehung zum Gespräch, in: WzM 16, 1964, S. 231.
[11] Jung, Die Beziehung zwischen dem Ich und dem Unbewußten, S. 36.
[12] Vgl. Moser, a.a.O. (Anm. 6), S. 277.
[13] de Bont, Faustregeln für das Seelsorgegespräch, S. 65.

führen und vorwärts zu bringen. Wir möchten kurz einige der wichtigsten Gründe für den Abbruch eines Gespräches zusammenstellen und dafür jeweils einige Beispiele bringen. Sie sind zum Teil dem kleinen Buch von *Walter De Bont* „Faustregeln für das Seelsorgegespräch", entnommen.

a) Wenn der Seelsorger nicht in seine Rolle im Gesprächsgegenüber zum Klienten hineinfindet und einem Gesprächsdefätismus huldigt, wird das Gespräch zwangsläufig auf einen Abbruch hinsteuern. *De Bont* gibt dafür folgendes Beispiel: „Der Klient ist ein junger verlobter Soldat von recht lockerem Charakter. Der Schauplatz ist das Sprechzimmer der Pfarrei. Klient: ‚Ich liege jetzt in P. Dort langweilt man sich zu Tode. Aber ich bin gerade erst aus Holland zurückgekommen. Vor sechs Wochen. Dort habe ich einen Haufen Geld in die Hände gekriegt. Auslandszulage. Und als Unteroffizier hat man einen ganz anständigen Sold. Letzten Sonntag bin ich nun wieder bei einer Nutte in Hamburg gewesen. Das passiert wohl hin und wieder. Einfach weil ich zuviel Geld habe. Das kann ich nicht festhalten. Und als ich das Mädel in meinem Wagen hatte, wollte ich ihr beinahe schon einen Zwanzigmarkschein geben und ihr sagen: Nun hau ab!' Pfarrer: ‚Ja, aber das sind Dinge, die Sie so oder so selber entscheiden müssen. Ich kann Ihnen natürlich sagen, daß Sie das nicht tun dürfen, aber was kaufen Sie sich dafür?'" Dazu der Kommentar *De Bont:* „Dieser Priester stellt sich zwar als Seelsorger auf, aber er ist einer, der nichts zu bieten hat. Der Klient selbst ist der Ansicht, daß er das nicht tun darf, aber er kennt kein Verfahren, wie er so weit kommen kann. Eben deshalb kommt er ja zum Pfarrer, weil er hofft, daß dieser besser beschlagen ist. Doch ehe der Klient sein Problem vorgetragen hat, ist der Pfarrer bereits der Ansicht, diesem Problem nicht gewachsen zu sein." [14]

b) Auch eine falsche Fragetechnik muß noch einmal im Zusammenhang des Gesprächsabbruches erwähnt werden. Dafür das Gerippe eines Gespräches, in dem nur die Fragen des Seelsorgers wiedergegeben sind: „Wie geht es denn? Wie lange haben Sie im Krankenhaus gelegen? Also eine ganze Zeit? Hatten Sie damit gerechnet? Wie lange dauert es nun schon? Ist Ihre Frau nicht zuhause? Wie sieht's denn mit der Invalidenrente aus? Pause. Ihr Sohn hat, wie ich gehört habe, eine gute Prüfung gemacht? usw. bis zum endgültigen Abbruch des Gespräches." [15] Bei der Gesprächsführung, die so ausschließlich aus Fragen besteht, und zwar aus Fragen, die wir im Zusammenhang mit der Fragetechnik als ungeeignete Fragen bezeichnen mußten, werden immer wieder zwei Faktoren akut, einmal daß sich der Klient einem Kreuzverhör unterzogen fühlt und dagegen alle seine Ab-

[14] Ebd., S. 16 f.

[15] Ebd., S. 29 f.

wehrkräfte mobilisiert oder aber, daß das Fragespiel den Eindruck hervorruft, daß der Seelsorger das Problem schon lösen wird, sobald er alle Stücke des Zusammensetzspieles beieinander hat, so daß der Klient in eine völlige Passivität verfällt. Beides führt unweigerlich zum ergebnislosen Gesprächsabbruch.

c) Ein Gespräch kann auch deshalb abgebrochen werden, weil eine gemeinsame Kommunikationsbasis nicht erreicht wird. Als Beispiel ein Gespräch, das zwar ausgesprochen seelsorgerlichen, ja sogar theologischen Charakter trägt, in dem der Seelsorger jedoch nur Argumente aus seiner eigenen Gedankenwelt bringt, die sich völlig von der Gedankenwelt des Klienten unterscheiden. Klient: „Wenn Gott regieren will, dann hätte er die Menschen nicht frei machen dürfen, so daß sie Böses tun konnten, dann hätte er regieren können." Pfarrer: „Dann ist auch kein Reiz mehr dabei. Dann wird er eine Maschine. Wenn Ihre Kinder etwas Gutes tun, weil Sie sie dazu gedrillt haben, können Sie Ihre Kinder dann noch bewundern? Nein, denn dann tun die Kinder das nicht mehr aus Überzeugung, sondern weil Sie es so verlangen. Darüber können Sie auch nicht froh sein. Froh sein können Sie nur, wenn es spontan geschieht ohne Zwang. Denn dann tun die Kinder es aus sich selbst. Eine Maschine bewundert man doch auch nur deshalb, weil sie so gut funktioniert. Zuneigung werden Sie nie für sie empfinden." Klient: „Ich finde das alles sehr schwierig." Pfarrer: „Und was halten Sie von Christus? Dem machte das gleiche Problem zu schaffen." Klient: „Ich weiß es nicht. Die Leute sagen, daß er Gottes Sohn ist, daß er Gott ist. Aber das weiß ich nicht." Pfarrer: „Ich weiß es auch nicht. Aber ich glaube es, und ist es denn nicht merkwürdig, daß Gott seinen eigenen Sohn auch leiden läßt. Ich meine, daß sein Leiden ein ebenso großes Problem ist wie unser Leiden. Wenn wir sein Leiden gelöst haben, dann ist unser Leiden auch gelöst." Klient: „Wer weiß?" Damit war das Gespräch auf ein totes Gleis gefahren[16]. Der Seelsorger saß völlig fest, und es führte zwangsläufig zum Abbruch.

d) Es gibt auch die Möglichkeit, daß ein Gespräch äußerlich nicht abgebrochen wird, aber innerlich bereits abgebrochen ist, indem zwar das äußere Einvernehmen erhalten ist, aber keinerlei innere Verbindung zwischen den Gesprächsbeiträgen der beiden Teilnehmer zu verspüren ist. Hier ein Gespräch aus der Krankenseelsorge mit einer über siebzigjährigen, unheilbar kranken Patientin[17]: Pfarrer: „Ich bin der evan-

---

[16] Ebd., S. 30 f.

[17] Aus dem Arbeitskreis für Seelsorgerliche Gesprächsführung von Pfarrer Lutz, Stuttgart, freundlicherweise zur Verfügung gestellt.

gelische Krankenhauspfarrer und möchte Sie besuchen. Wie geht es Ihnen? Ich sehe, es ist schwer für Sie." Patientin: „Herr Pfarrer, ganz wie der Herr will. Aber die jungen Schwestern! Gelt, Sie treten auch in der Fürbitte für sie ein. Sie sind so frech." Pfarrer: „Ach, die sind noch jung! Haben Sie große Beschwerden?" Patientin: „Wissen Sie, das kommt von meiner Krankheit her. Ich kann manchmal den Stuhlgang nicht mehr halten. Das ist so fürchterlich, wenn es ins Bett geht. Ich rufe wohl, aber sie kommen nicht gleich. Ich denke manchmal, der Herr hat mich verstoßen." Pfarrer: „Sie dürfen gewiß sein, daß Gott Sie angenommen hat mit allem, was Sie sind. Im Krankenhaus lernt man schmerzhaft manchmal, daß wir nicht nur Geist sind, sondern auch Leib, daß wir nicht immer können, was wir wollen. Gott hat Sie auch in Ihrem Leiden lieb. Das will ich Ihnen ganz fest sagen. Sie haben Geburtstag gehabt, hat die Schwester mir gesagt." Patientin: „Ja, ich habe gestern Geburtstag gehabt, aber ..." Pfarrer: „Wir haben zuhause manchmal am Geburtstag den 103. Psalm gelesen. Darf ich Ihnen einige Verse daraus vorlesen?" Patientin, nachdem der Psalm gelesen ist: „Ja, das ist schön. Ich danke Ihnen, aber ..." Pfarrer: „An einem Geburtstag sieht man auch zurück. Wollen Sie nicht erzählen, wie es Ihnen in Ihrem Leben ergangen ist?" Patientin: „Ich bin in M. aufgewachsen. Nach der Schule ging ich eine Zeitlang in einen anderen Haushalt. Aber dann wurde ich heimgerufen, weil meine Mutter krank war. Ich pflegte sie einige Jahre, bis sie starb. Dann versorgte ich meinen Vater eine ganze Zeit, bis auch er krank wurde und starb. Aber ... Ja, dann ging ich zu meinem Bruder, der in S. lebte, und versorgte ihm den Haushalt. Als auch er starb, kam ich zu meiner Schwester, die im Beruf stand, und versorgte sie, bis sie starb. Ja, und dann war ich allein und alt geworden. Da ging ich ins Altersheim, aber ..." Pfarrer, tiefbewegt: „So war Ihr ganzes Leben immer ein Leben für andere. Das war früher so mit den Töchtern einer Familie. Jedenfalls mit den älteren." Patientin: „Ja, das war früher anders als heute, aber ..." Pfarrer: „Wenn Sie nun als Mädchen hätten wählen können, welchen Beruf Sie wählen wollten, was hätten Sie gewählt?" Patientin: „Ich wäre Lehrerin geworden, aber ..." Pfarrer: „Nun sind Sie ganz im Dienst für andere alt geworden, und jetzt sind Sie schwer geplagt mit Ihrer Krankheit. Denken Sie noch einmal an den Psalm, den ich Ihnen vorgelesen habe. Da ist die Rede von dem Dienst, den Gott uns gebrechlichen und sündigen Menschen getan hat und immer tut. Können Sie einstimmen in das ‚Lobe den Herrn, meine Seele'?" Patientin: „Ich danke Ihnen, Herr Pfarrer!"

Daß die gemeinsame Kommunikationsbasis mit dem Klienten nicht erreicht wird, kann auch einmal daran liegen, daß derjenige, der zum

Seelsorger kommt, nicht darauf gefaßt ist, mit jener Art von Gesprächsführung konfrontiert zu sein, die wir als das nichtdirektive Verfahren zu kennzeichnen versuchten. Der katholische Pastoralpsychologe *Louis Monden*[18] teilt zum Beispiel mit, daß auch hier Fälle beobachtet worden sind, wo der Klient das Gespräch abzubrechen suchte, weil er ausgesprochen sagte: „Ich komme nicht hierher, um Psychologie zu betreiben, sondern um von Ihnen Gottes Wort zu hören." Und dabei sei diese Reaktion nur durch die zuhörende Aufmerksamkeit des Priesters ausgelöst worden. Sie stellt nach Monden jedoch einen Fluchtversuch dar, um einer wirklichen Begegnung auszuweichen.

e) Auch das Mißverstehen in einem Gespräch muß unter den Gründen für einen Gesprächsabbruch genannt werden. Dafür zunächst ein Beispiel vom Besuch am Krankenbett: Der Patient ist zwei Tage zuvor zum elften Mal operiert worden. Er liegt jetzt nicht mehr im gleichen Saal wie in den vorigen Wochen. Er hat in einem anderen Saal ein Eckbett bekommen, so daß er in den Garten hinausschauen kann. Als der Seelsorger eintritt, liegt er auf der Seite, mit dem Rücken dem Besucher zugekehrt. Pfarrer: „Ach, Sie sind umgezogen." Patient: „Ich muß auf der Seite liegen. Ich kann mich nicht umdrehen, sonst täte ich es." Pfarrer: „O, bleiben Sie nur. Deshalb brauchen Sie sich keine Sorgen zu machen. Wie geht es denn? Sie sind schon wieder operiert worden?" Patient: „Ich habe große Schmerzen. Aber heute ist es schon besser als gestern. Vorgestern haben Sie mich operiert." Pfarrer: „Das ist doch sicher schon das dritte Mal, nicht wahr? (spürt sofort, daß er sich vergaloppiert hat. Er hätte es von früheren Besuchen wissen müssen)." Patient zeigt keine Verstimmung: „Das elfte Mal. Ich habe elf Löcher im Rücken. Drei große und acht kleine. Jede Woche bin ich operiert worden." Pfarrer: „Aber wenn die Schmerzen nun schon geringer sind . . ., dann können Sie wieder anfangen, nach oben zu schauen (sein Blick zeigte, daß er nicht verstand. Ich dachte, er wird doch nicht annehmen, daß ich mit „nach oben" Gott meine) . . . nach oben, zur Genesung, dann geht es doch wieder aufwärts (er schien diese Ansicht nicht zu teilen, entweder im Hinblick auf die augenblicklichen Schmerzen oder auf den guten Verlauf)." Patient: „Ich habe immer noch große Schmerzen, wenn es auch heute etwas besser ist als gestern." Pause. Pfarrer: „Sie haben hier noch das Glück, den Frühling kommen zu sehen." Der Mißgriff des Seelsorgers besteht nach der Reaktion des Patienten weniger darin, daß er sich nicht genau erinnert hat, wie oft dieser Mann bereits operiert worden ist, als darin, daß er die

---

[18] Monden, Sünde, Freiheit und Gewissen, S. 128.

Nuance in der Antwort des Mannes nicht beachtet. Er hat zwar weniger Schmerzen, aber sie sind noch arg. Der Kranke wiederholt es deshalb noch einmal, um dann zu schweigen. Der Seelsorger weiß diese Stille nicht anders als durch einen Schuß ins Blaue (den Frühling) zu nutzen[19].

Welche Möglichkeiten gibt es nun, mit dem Abbruch besser fertig zu werden. Ich darf nur drei Hinweise geben: Unter keinen Umständen darf der Abbruch eines Gespräches als endgültige Beendigung hingenommen werden. Er sollte entweder mit dem Angebot auf eine Fortsetzung beantwortet werden oder mit dem Angebot einer Klärung des aufgetretenen Mißverständnisses. Wenn der Seelsorger seine eigenen Möglichkeiten als total erschöpft ansehen muß, dann sollte in jedem Fall das Angebot gemacht werden, irgendeine andere Hilfe in Anspruch zu nehmen.

5. *Abhängigkeiten*

So wie der gewaltsame Abbruch als ein kritischer Punkt der Gesprächsführung angesehen werden muß, müssen wir uns auch mit seinem Gegenteil befassen, daß nämlich ein Gespräch zu keinem organischen Ende findet und wir die Vermutung haben müssen, daß irgendwelche Abhängigkeitsbeziehungen entstanden sind. Wir spüren, daß unser Gegenüber das Gespräch zu keinem Ende bringen kann und in einer hektischen Betriebsamkeit immer wieder neue Themen aufwirft und unter Umständen auch auf Ankündigungen, daß das Gesprächsende nun nahe sei, mit immer neuem Material reagiert. Es kann auch sein, daß unser Gegenüber uns das Gefühl vermittelt, daß er die Möglichkeit zur angebotenen Freiheit nicht ergreifen kann und keinen Gebrauch davon macht. Sein Kontakt ist der eines ängstlichen Kindes, und er ist darauf bedacht, unsere Stellungnahmen und Meinungen für sich selber verbindlich zu machen. Die dritte Möglichkeit besteht schließlich darin, daß wir das Gefühl haben, daß das Gespräch in eine illusionäre Atmosphäre hineingedrängt wird, wie sie dem sachlichen Gegenüber zwischen Klient und Gesprächspartner nicht mehr entspricht, sondern eher der Intimität eines persönlichen Verwandtschafts- oder Liebesverhältnisses.

Welche Motive können einem solchen Abhängigkeitsverhältnis zugrunde liegen? Einmal spielt sicher die Angst des Alleinseins in unserer Gesellschaft eine sehr große Rolle. Es gibt sicher mehr Menschen, als wir gemeinhin annehmen, für die der Gang zum Seelsorger lediglich aus dem Motiv geboren ist, das in ihrem Alleinsein liegt. Dann haben sie ein Gespräch erlebt und die Angst vor dem Alleinsein erfüllt sie gegen Ende

---

[19] de Bont, Faustregeln für das Seelsorgegespräch, S. 63 f.

des Gesprächs mit besonderer Wucht. Zum anderen kann die vielfach erlebte Ichschwäche und die Infantilität unseres Gegenübers natürlich auch dafür verantwortlich sein, daß wir es mit einem Kleber zu tun haben, mit einem Menschen, der sich schlecht und schwer lösen kann. Und schließlich kann ja auch die Möglichkeit einer triebhaften Bindung, die sowohl aggressiver wie heterosexueller oder homosexueller Art sein kann, bestehen.

Welche Möglichkeiten stehen uns zur Verfügung, mit solchen Abhängigkeitsverhältnissen besser fertig zu werden? Zunächst sollte man sich in jedem Fall hüten, ein solches Abhängigkeitsverhältnis deutend oder gar vorwurfsvoll dem Gegenüber vorzuhalten. Der Nutzen einer solchen Deutung ist eigentlich nicht einzusehen, der Schaden aber unübersehbar. Wenn wir uns täuschen sollten, bringen wir uns oft in eine sehr peinliche Situation. Sinnvoller erscheint es jedoch, da, wo wir eine besonders starke Anhänglichkeit unseres Gegenübers spüren, den Versuch einer Beheimatung in irgendeiner Art von Gemeinschaft wenigstens zu versuchen. Wir müssen uns dabei völlig darüber im klaren sein, daß die gegenwärtige Struktur unseres Gemeindelebens für eine solche Beheimatung von etwas schwierigen und seelisch labilen Menschen denkbar ungeeignet ist. Es ist dies eine einhellige Erfahrung der Telefonseelsorge. Wir werden also nicht umhin können, den Versuch zu machen, besondere Institutionen für solche Menschen in der gegenwärtigen christlichen Gemeinde zu schaffen. Wenn wir die Motivation, die zu einer besonderen Anhänglichkeit unseres Klienten zu führen scheint, etwa übersehen, und wir es uns zutrauen, ihm eine Reifungshilfe zuteil werden zu lassen, könnte die etwas stark zum Ausdruck gebrachte Bindungsbereitschaft Anlaß sein, das Angebot einer längeren Gesprächsreihe zu machen, die jedoch das Zuwendungsquantum klar begrenzt und auch im Blick auf den Zeitraum der Ausdehnung beschränkt werden muß. Vielleicht ist der am günstigsten dran, der in einer solchen Situation eines sich anbahnenden Abhängigkeitsverhältnisses das Angebot eines anderes Helfers machen kann. Dieses Angebot sollte nur auf keinen Fall den Eindruck eines Abgeschobenwerdens entstehen lassen, es ist dort am leichtesten möglich, wo der Klient von vornherein darauf eingestellt ist, nicht zu einer Einzelpersönlichkeit zu kommen, sondern zu einem Arbeitskreis, der bereit ist, sich mit den Fragen, die hier angesprochen werden, zu befassen[20]. Damit sind wir bereits bei der Frage der Strukturveränderung gegenwärtiger Bemühungen um die Seelsorge, die im nächsten Paragraphen angeschnitten werden soll.

[20] Vgl. hierzu: Scharfenberg, Die Telefonseelsorge und ihre Verbündeten, in: WzM 15, 1963, S. 31 ff.

§ 6 Die Gesprächsreihe

Literatur:

Peter R. Hofstätter, Die soziale Dynamik der psychotherapeutischen Situation, in: Psyche 1957, H. 10, S. 733 ff.

Richard Meili, Lehrbuch der psychologischen Diagnostik. Bern 1955.

W. V. Bingham/B. von Moore, How to Interview. New York 1933.

Walter de Bont, Faustregeln für das Seelsorgegespräch. Frankfurt 1968.

These:

> Die Gesprächsreihe stellt eine über einen längeren Zeitraum sich erstreckende Beratung dar. Ihr Vorhaben, ihre Ziele und ihre Dauer sollten nach Möglichkeit vorher geklärt und bestimmt werden. Erster Kontakt, Erstgespräch und die Form der Weiterführung unterliegen bestimmten methodischen Grundprinzipien. Als Sonderform der Gesprächsreihe stellt die Betreuung ein Stück mitmenschlicher Wegbegleitung überall da dar, wo aus einer konkreten Not oder Konfliktsituation nach menschlichem Ermessen nicht mehr geholfen werden kann. Der Abschluß einer Gesprächsreihe kommt dann in Sicht, wenn der Leidensdruck schwindet, größere Angepaßtheit erreicht ist oder andere Hilfsquellen erschlossen sind. Er ist methodisch vorzubereiten.

Die Durchführung einer Gesprächsreihe setzt im Raum der Seelsorge eine andere Struktur der Gemeindearbeit voraus, als sie im allgemeinen gegeben ist. Diese Strukturveränderung, die damit gefordert ist, kann andeutungsweise so beschrieben werden und wird auch vielfach schon in dieser Richtung angestrebt, daß einmal unter den Kollegen eine bestimmte Schwerpunktbildung sich herauskristallisiert je nach besonderen Begabungen, Interessen, oder der Fortbildung, die sich einer erworben hat. Es ist nicht einzusehen, warum jemand, der ausgesprochen kontaktscheu ist, nun unbedingt dazu gezwungen werden müßte, längere und dauernde seelsorgerliche Beratungen mit anderen Menschen durchzuführen, und warum es nicht möglich sein sollte, daß einer, der sich auf diesem Gebiet Sonderkenntnisse verschafft hat und dazu auch einen besonderen Impetus verspürt, durch anderweitige Aufgaben so blockiert sein muß, daß er zu diesen Aufgaben überhaupt nicht mehr kommt. Zum andern gehört zum neuen Stil der seelsorgerlichen Verwirklichung unbedingt die Bildung eines arbeitsfähigen Teams. Es sollte auf der einen Seite

Fachleute umfassen, die bei der Kompliziertheit heutiger Lebenssituationen über spezifische Detailkenntnisse verfügen, und zwar zum andern sogenannte Laien, die dazu geschult werden können, nun selber seelsorgerliche Gespräche zu führen. Was für die Telefonseelsorge bereits heute nach wenigen Jahren ihrer Arbeitsweise als selbstverständlich gilt, nämlich daß man sich nicht einem einzelnen Menschen, sondern einer Arbeitsgruppe anvertraut, könnte auch für alle andere Formen des seelsorgerlichen Bemühens um den Menschen von heute seine Gültigkeit bekommen. Nur dann ist gesichert, daß die erste Kontaktnahme methodisch gesteuert und reflektiert erfolgen kann, daß die Wichtigkeit von Kleinigkeiten ernst genommen wird: wie die Anmeldung erfolgt, welche Wartezeiten dem betreffenden Klienten zugemutet werden und wie feste Sprechstundenzeiten durchgeführt werden können. Das Erstgespräch wird im Rahmen einer so teamartig durchgeführten seelsorgerlichen Bemühung vor allem die Funktion haben zu entscheiden, ob es sich in diesem Fall um ein einmaliges Gespräch, das unter Umständen mit einer Überweisung endet, handelt, ob eine Kurzberatung angebracht ist oder eine längerdauernde seelsorgerliche Beratung oder ob hier das eingesetzt werden kann, was wir eine seelsorgerliche Betreuung nennen wollen. Ebenso wie der Beginn einer solchen längerdauernden Betreuung ist ihr Abschluß von Wichtigkeit. Wir müssen eine Vorstellung davon haben, wann der Abschluß einer solchen Gesprächsreihe angezeigt erscheint, wie er vorbereitet wird und wie sein Durchführungsmodus aussieht und welche Zukunftsperspektiven sich dabei für den Klienten ergeben.

1. Erster Kontakt

Der erste Kontakt ist für eine längere Gesprächsreihe oft von entscheidender Bedeutung. Es besteht vor allem ein grundsätzlicher Unterschied, ob dieser erste Kontakt vom Klienten oder vom Seelsorger aus geschlossen wird.

Geht der erste Kontakt vom Klienten aus, so müssen folgende Faktoren bedacht werden:

a) Eine sehr wichtige Frage, die man sich jeweils auch bewußtmachen muß, ist die Veranlassung, die nämlich das Vorverständnis und die Erwartungen des Klienten prägt. Dabei ergeben sich folgende Möglichkeiten: Entweder er kommt auf persönliche Empfehlung eines anderen Menschen hin. Dann wird die Erfahrung, die der andere gemacht hat, bereits eine bestimmte Konstellation in den Erwartungen des Ratsuchenden eingeleitet haben. Oder aber er kommt auf eine unpersönliche

Empfehlung hin, durch irgendeinen Hinweis, eine Bekanntmachung oder ähnliches. Dann wird es von Wichtigkeit sein zu erfahren, welcher Art diese Bekanntmachung mit der Möglichkeit, ein solches Gespräch zu führen, war. Für die im Raum der Kirche geführten Gesprächsreihen wird es außerdem nicht unwichtig sein festzustellen, inwieweit wir als Repräsentanten der Kirche für den Klienten gelten und ob er deshalb zu uns kommt oder trotzdem zu uns kommt. Schließlich gibt es die Möglichkeit, daß er zu mir als einer Person kommt, die er durch einen persönlichen Kontakt oder anläßlich eines öffentlichen Auftretens in einem Vortrag oder einer Predigt kennengelernt hat. Seine Erwartungsvorstellungen können unter Umständen auf bestimmte Eigenschaften in dieser Rolle eines öffentlichen Auftretens gerichtet sein, die ihm vielleicht noch nicht einmal selber ganz klar und bewußt sind. Es empfiehlt sich deshalb auch in Erstgesprächen irgendwann einmal die Frage nach dem Motiv oder der Veranlassung des Gespräches zu erheben und unter Umständen festzuhalten.

b) Es ist auch eine sehr wichtige Frage, ob die Kontaktschwelle sehr niedrig oder auch sehr hoch gehalten werden kann. Als Extrembeispiele dafür wären zu nennen die Telefonseelsorge, in der die Kontaktschwelle äußert niedrig gehalten wird. Sie erfordert vom Klienten fast keine Eigenleistung und bleibt in einer Unverbindlichkeit, die eine Auflösung des Kontaktes in jedem Augenblick des Gespräches ermöglicht. Oder aber sie wird extrem hoch gehalten wie etwa in der Psychotherapie, die vom Klienten ein erhebliches Maß an Eigeninitiative und Eigenleistung und -willen fordert, um überhaupt in Gang zu kommen. Zwischen diesen beiden Extremen wird etwa das Maß an Eigeninitiative liegen, das verlangt werden müßte, um zu einer aussichtsreichen längeren seelsorgerlichen Gesprächsreihe zu kommen. Nach den Erfahrungen aus der Beratungsarbeit ist eine Anmeldung zu einem seelsorgerlichen Gespräch, das unter Umständen seine Fortsetzung finden soll, durch Dritte ausgesprochen ungünstig. Es zeigt sich nämlich, daß sehr viele Klienten die für sie geschlossenen Verabredungen nicht einhalten. Im allgemeinen erweist es sich als zweckmäßig, dem Klienten zuzumuten, ein eigenes Telefongespräch zu führen, in dem er sich persönlich anmeldet. Dieses Gespräch kann entweder vom Seelsorger selber oder von geeigneten Hilfskräften entgegengenommen werden. Es sollte in bezug auf die Menge der Informationen, die der Klient bereits bei einer solchen Anmeldung geben muß, variabel bleiben. Es gibt Menschen, die nicht einmal bereit sind, ihren Namen zu nennen. Auch dieses sollte akzeptiert werden, aber es sollte angestrebt werden, daß bei einer solchen Anmeldung der Name, die ungefähre Altersstufe und unter Umständen auch eine Vorstellung von der Problemlage gegeben wird.

c) Beim Vorhandensein eines Seelsorgeteams besteht nach einer solchen Anmeldung die Möglichkeit, den Partner für den Klienten auszuwählen. Dabei können folgende Gesichtspunkte eine Rolle spielen: Einmal das fachliche Wissen, zum andern bestimmte Spezialgebiete und Begabungen, das eigene Lebensalter sowie eigene Vorerfahrungen des Seelsorgers oder Beraters.

d) Schließlich sollte man auch die Vorbereitung auf ein solches Gespräch nicht ganz außer acht lassen. Sie liegt wohl vor allem in einem Stück größerer Bewußtheit des Seelsorgers oder Beraters, als wir sie im allgemeinen gewöhnt sind, eine Bewußtheit über die Informationen, die ich über den Betreffenden, der zu mir kommt, bereits vorliegen habe, ein Stück Bewußtmachung eigener Reaktionen auf dieses Informationsmaterial und eventuell ein Stück Bewußtheit über die eigene Situation, in der ich mich gerade jetzt befinde, und diejenigen Faktoren, die sich unter Umständen erschwerend auf die Gesprächssituation auswirken könnten.

Geht die Initiative vom Seelsorger aus, haben wir eine ungleich schwierigere Situation vor uns. Sie wird exemplarisch in der tiefen Problematik des seelsorgerlichen Hausbesuches. *Klaus Winkler*[1] hat in einer kleinen pastoralpsychologischen Arbeit auf die besondere Problematik in dieser Situation hingewiesen. Bei jedem seelsorgerlichen Hausbesuch, der nicht durch einen klaren Anlaß motiviert ist, muß man bedenken, daß der andere sich einer fremden Aktivität ausgesetzt fühlt, daß er jeden Anspruch als Forderung empfindet und naturgemäß so reagieren wird, daß er sich zwar oberflächlich angepaßt verhält, unterschwellig jedoch peinlich berührt ist und sich deshalb instinktiv abschließt. Je klarer der Anlaß zu einem Hausbesuch ist, um so überschaubarer ist die Situation. Trotzdem wird die Fragestellung für ein solches Gespräch immer vom Seelsorger ausgehen, und es bedarf einer besonderen Aufmerksamkeit in der Gesprächsführung, bis es gelingt, den Klienten tatsächlich in das Zentrum des Gesprächs zu bringen. Grundlage für eine länger durchzuführende Gesprächsreihe scheint mir der Hausbesuch schwerlich zu sein.

Eine sehr schlechte Ausgangsposition scheint besonders der Hausbesuch auf Veranlassung Dritter zu bieten. Handelt es sich um eine Privatperson,

[1] Winkler, Pastoralpsychologische Aspekte des Gemeindebesuches, in: WzM 15, 1963, H. 6, S. 201 ff.
Vgl. dazu auch: Der seelsorgerliche Hausbesuch, (Heftthema) in: Lebendige Seelsorge 1965, H. 1; und: Simmon-Kaiser: Besuch und Begegnung.

müssen wir mit Klatsch und Emotionen im Hintergrund rechnen, handelt es sich aber um eine offizielle Stelle, ein Amt oder ein Gericht — wie etwa bei den in manchen Bundesländern durchgeführten Sühneversuchen bei der Ehescheidung, so ist von vornherein mit einer Abwehrreaktion des Klienten zu rechnen. Es scheint in solchem Falle günstiger, auf den Hausbesuch hier zu verzichten und statt dessen eine Einladung zu einem Gespräch zukommen zu lassen. Diese Situation werden wir vor allem auch immer dann finden, wenn ein Ehepartner zu uns kommt und den lebhaften Wunsch äußert, daß man doch nun auch den anderen zu einem Gespräch „einbestellt". Der Charakter einer solchen amtlichen Vorladung ist jedoch in jedem Fall zu vermeiden, auch in einem Brief, in dem man zu einem Gespräch einlädt, muß die Ohnmachtsituation eines seelsorgerlichen Angebotes klar zum Ausdruck gebracht werden. Wahrscheinlich ist in den meisten Fällen, wenn es sich ermöglichen läßt, ein Telefonanruf, der doch eine Möglichkeit eines personaleren Kontaktes darstellt, das Gegebenere.

2. Das Erstgespräch

Bereits bei der Frage nach der Konstellation der interpersonalen Dynamik im Gespräch hatten wir festgestellt, daß die Atmosphäre, in der ein Gespräch stattfindet, und die Assoziationen die durch den äußeren Rahmen ausgelöst werden, wichtig sein können. Das Gesprächszimmer sollte von der keimfreien Sterilität einer ärztlichen Praxis gleichweit entfernt sein wie von der ungestörten Verwahrlosung einer Bohemienbude. Wir sollten uns darüber im klaren sein, daß die äußere Gestaltung des Raumes, in dem wir solche Gespräche führen, sehr viel Aussagen über uns selber machen kann, die wir nicht unbedingt verbergen müssen, die wir aber bei der Konstellation der zwischenmenschlichen Dynamik mit ins Spiel setzen müssen. Nach Möglichkeit sollte auch die Sitzordnung dem Klienten ein Stückchen freier Wahl lassen, ihm jedenfalls nicht das Gefühl einer irgendwie gearteten Unterlegenheit vermitteln. Dies ist leicht unbeabsichtigt dadurch möglich, daß er ins Licht sehen muß oder daß er sich als sehr tief unter seinem Gegenüber sitzend empfindet.

Die Eröffnung eines Gespräches wird in der Regel mit der Vorstellung beginnen, wenn das Gegenüber unbekannt ist, bedarf aber irgendeiner Einleitungsfloskel oder -formel. Diese kann unter Umständen averbal sein, wenn ich nämlich nur meine Bereitschaft zum Gespräch signalisiere und ruhig abwarte, damit der andere beginnt. Erst wenn dies mein Gegenüber in Schwierigkeiten bringt, werde ich mich zu einer ersten Frage entschließen. Diese Frage hat in jedem Fall so offen wie möglich zu sein. Sie sollte weder distanziert noch aufdringlich sein und dem persönlichen Stil des Seelsorgers entsprechen, damit nicht ein formelhafter Fremdkörper von vornherein eine Atmosphäre der Unwirklichkeit schafft. Auf alle Fälle sollte es unterlassen werden, am Beginn eines Gespräches Personalien abzufragen und zu notieren. Die Frage, ob in einem Gespräch Aufzeichnungen gemacht werden können, wird unterschiedlich beantwortet. Wer meint, er könne ohne solche Notizen nicht auskommen, müßte jedoch in jedem Fall das Einverständnis seines Gegenübers einholen. Mir scheint es in jedem Fall besser, wenn solche Aufzeichnungen nach Beendigung des Gesprächs in Abwesenheit des Klienten vorgenommen werden.

Einer der wichtigsten Punkte für die Konstellation des Erstgespräches stellt das erste Eingreifen des Seelsorgers dar. Es muß in jedem Fall bewußt erfolgen und bewußt ausgewählt werden. Es kann in einer Aussprachehilfe, in einer Frage oder in einer Zusammenfassung und Klärung bestehen.

Besondere Sorgfalt erfordert der Abschluß des Erstgespräches. Sein nahendes Ende sollte, wenn es erforderlich ist, zehn Minuten vorher angekündigt werden, denn das Erstgespräch verlangt in jedem Falle eine Stundenzusammenfassung, die vor allen Dingen einen Ausblick auf die Zukunft enthält. Hier muß die Entscheidung gefällt werden, ob es bei diesem einmaligen Gespräch bleiben kann oder ob die Vereinbarung eines neuen Termins in Frage kommt. Die Entscheidung hierüber sollte in jedem Fall der Klient fällen. Wenn er sie aber gefällt hat, sollte er auf einen bestimmten Termin festgelegt werden. Dabei sollte bereits ins Auge gefaßt werden, was bei diesem neuen Termin geschehen soll. Unglücklich sind in jedem Fall vage Aussichten auf eine Fortführung des Gespräches irgendwann oder bei passender Gelegenheit.

Nach jedem Erstgespräch ist unbedingt erforderlich, eine Art Epikrise und Prognose zu erstellen, nämlich sich die Frage zu stellen: was war in diesem Erstgespräch, welchen ungefähren Zeitraum wird eine ins Auge zu fassende Gesprächsreihe einnehmen, wen oder welche zusätzlichen Informationen brauche ich und was kann ich zur Vorbereitung dieser Gesprächsreihe für mich selber unternehmen. Was erwartet der Klient und welche seiner Erwartungen sind realistisch, erfüllbar oder unerfüllbar.

3. Zweit- und Drittgespräche

Die Eröffnung des zweiten Gespräches einer Gesprächsreihe ist häufig deshalb schwierig, weil der Klient unsicher darüber ist, was er vom ersten Gespräch her an Erinnerungen seitens seines Gesprächspartners voraussetzen kann. Gerade wenn er den einen Wunsch hat, ernst genommen zu werden und für den Seelsorger wichtig und interessant gewesen zu sein, steuert er mit Entschlossenheit das entgegengesetzte Extrem an und versichert uns, daß wir bei unserer großen Belastung und den vielen Menschen, die zu uns kommen, kaum noch erinnern könnten, was das letzte Mal besprochen worden sei. Man kann dieser Schwierigkeit dadurch aus dem Weg gehen, daß man eine Eröffnungsfrage stellt, die an in der letzten Stunde Ausgesprochenes erinnert, das persönliche Interesse zum Ausdruck bringt und dem Klienten eine Brücke baut, sofort in die Weiterführung des Gespräches einzutreten.

In sehr vielen Zweit- oder Drittgesprächen wird es soweit kommen, daß das Aussprachebedürfnis des Klienten zunächst einmal gestillt ist, daß er zunächst einmal alles gesagt hat, was er sagen wollte, und daß nun eine Klärung der weiteren Gespräche vorgenommen werden muß. Hier wird die Entscheidung fallen müssen, ob man nun auf eine kürzere Gesprächsreihe zugeht oder ob sich über einen längeren Zeitraum das entwickelt, was wir eine Beratung nennen oder gar eine Betreuung.

Es seien hier nur die Gesichtspunkte für eine Kurzberatung zusammengestellt: Sie ist überall da angezeigt, wo es sich zunächst nur einmal um eine Aussprachemöglichkeit für den Klienten handelt, wo wir ein Informationsbedürfnis auf bestimmten überschaubaren Gebieten eruieren konnten oder eine Chance sehen, diesem Informationsbedürfnis gerecht zu werden. Eine über einen kürzeren Zeitraum sich erstreckende Folge von Gesprächen erscheint auch da angezeigt, wo es darauf ankäme, den Klienten zu einer klareren und auf ein bestimmtes Ziel zugespitzten Frageformulierung zu verhelfen oder wo es auf einem überschaubaren Gebiet um eine Verständniserweiterung geht. Häufig vermögen auch einige Gespräche dazu beizutragen daß der Klient in seiner eigenen Sicherheit wächst und dadurch Entscheidungsmöglichkeiten in den Blick bekommt, die ihm vorher verschlossen waren. Auch das Ins-Auge-Fassen (nicht die Durchführung!) von Verhaltenskorrekturen könnte als eine Aufgabe der kürzeren Gesprächsreihe angesehen werden.

4. Beratung und Betreuung

Eine über einen längeren Zeitraum gehende Gesprächreihe nennen wir im allgemeinen eine Beratung. Dabei dürfte bisher schon hinreichend deutlich geworden sein, daß dieser Terminus nicht andeutet, daß in einer solchen Beratung Ratschläge gegeben werden, sondern sie stellt das Bemühen dar, in einem regelmäßigen Zuwendungsquantum Gespräche stattfinden zu lassen, die in einem inneren Zusammenhang stehen und auf ein bestimmtes Ziel hin thematisiert sind. Wir möchten uns die Probleme der seelsorgerlichen Beratung unter vier Gesichtspunkten verdeutlichen:

a) Wann erscheint sie angezeigt;
b) Was bietet sie;
c) Wie tut sie das;
d) Wie läßt sich die Beratung gegen die Betreuung abgrenzen.

a) Die Beratung ist immer Konfliktberatung. Ihre Chance besteht in dem Bemühen, eine Konfliktsituation artikulierbar, verstehbar und von daher bewältigbar zu machen. Welche Konfliktsituationen können wir voneinander unterscheiden? Da ist zunächst der Konflikt im eigenen Inneren. Wir bezeichnen ihn nach dem theoretischen Denkmodell als den Konflikt zwischen den psychischen Instanzen. Das Ergebnis einer solchen Konfliktsituation ist entweder eine Psychose oder eine Neurose. Diese Erscheinungsformen fallen als Aufgabenbereich zur Konfliktlösung aus dem Bereich der seelsorgerlichen Beratung heraus. Eine Konfliktlösung im Falle eines inneren Konfliktes wird ausschließlich in die Hände des Fachmannes gehören, weshalb die Konfliktlösung eines innerpsychischen Konfliktes nicht als eine Aufgabe der seelsorgerlichen Beratung angesehen werden kann. Der Mensch kann aber auch in andere Konflikte geraten, etwa in einen Konflikt mit seinem Schicksal. Hier taucht unmittelbar die Sinnfrage auf. Sie wird für den Bereich der seelsorgerlichen Beratung nicht vorschnell in die Frage nach der Theodizee oder die Frage nach der Prädestination einmünden dürfen. Hier erscheint es uns als sinnvoll, zunächst einmal die Frage zu stellen, wieweit der Mensch sich selber sein eigenes Schicksal ist und sein Schicksal unbewußt konstelliert. Sehr viele solcher Schicksalskonflikte bieten eine gute Chance, durch ein Verstehen der biographischen Einzelheiten zu einem vertieften Verstehen von Sinnhaftigkeit im eigenen Leben zu verhelfen. Es ist vor allen Dingen die bewußte Auseinandersetzung mit den beiden großen Triebgruppen Libido und Destrudo, die es erlauben, da sinnhaftes Geschehen zu entdecken, wo man bisher nur verhängnisvolles Schicksal sah. Mir scheint vor allen Dingen im Blick auf die Aggression ein weites Feld einer bewußteren Auseinandersetzung mit dem eigenen Schicksal für die Zukunft vorzuliegen.

Als weiteren Konflikt nenne ich den Rollenkonflikt, der nun die Frage nach dem Sozialprestige und vor allen Dingen der Rolle von Mann und Frau, von Eltern und Kindern, von Vorgesetzten und Untergebenen umfaßt. Das Problem von Rollenerwartungen und -vorurteilen bildet hier weithin den Konfliktstoff, der auf einer bewußteren Ebene im Gespräch gelöst werden könnte. Auch im Konflikt mit anderen Menschen besteht die größte Schwierigkeit darin, daß Situationen so lähmend unüberschaubar sind. Sie erscheinen deshalb als weites Feld für die Möglichkeiten einer Hilfe zum Überschaubarmachen solcher Konflikte. Schließlich sei auf den Konflikt mit dem, was den Menschen unbedingt angeht, hingewiesen, jenen Bereich, den man sehr ausschließlich unter Laien als „echt" seelsorgerlichen Bereich ansprechen möchte.

b) Was kann die Gesprächsreihe in solchen Konfliktsituationen bieten? Sie bietet zunächst die Einübung der Möglichkeit des Verbalisierens und damit ein Stückchen bewußterer Auseinandersetzung mit solchen Konfliktfällen. Sie bietet weiter eine Verstehenshilfe, die sich auf drei Bereiche erstrecken kann, einmal auf das Verstehen von Emotionen und eigenen Gefühlen, die dadurch, daß sie unter Umständen in der zwischenmenschlichen Situation des Gespräches gleichsam in homöopathischen Dosen erlebt werden, modellartig verstanden werden können und somit den Schlüssel für andere Situationen bieten können. Sie bietet das bereits genannte Verstehen von bisher unbegriffen nebeneinanderstehenden biographischen Daten, und sie bietet das Verstehen von Situation. Wenn wir jedoch noch ein Stück anspruchsvoller sein wollen, können wir für den Bereich der seelsorgerlichen Beratung das reklamieren, was man als Reifungshilfe bezeichnen kann. Wir werden uns dabei mit Vorteil der Vorstellung von jenen Organisatoren, die im menschlichen Leben die Reifung zustande bringen, bedienen können und deshalb davon sprechen können, daß diese Reifungshilfe das Stiften und Durchhalten einer gesicherten Beziehung voraussetzt, daß sie die Möglichkeit anbietet, sich ein Stück weit zu identifizieren, und daß diese Identifizierung wieder aufzulösen ist durch eine Auseinandersetzung, in der ein eigener Standort und eine eigene Überzeugung gewonnen wird. Und schließlich kann die Reifungshilfe als die Einübung des Verzichtes unseren Triebimpulsen gegenüber bezeichnet werden. Bereits die Gesprächssituation bietet die Möglichkeit, solche Verzichte auf Befriedigungserlebnisse zu erleben, zu verstehen und als Modelle für weitere Erfahrungen mit anderen Menschen zu benutzen.

c) Die Gesprächsführung in einer solchen Gesprächsreihe wird sich von dem, was wir über die allgemeine Gesprächsführung bereits erarbeitet haben, nicht wesentlich unterscheiden. Hier sei nur noch auf drei Stichworte hingewiesen, die mit dem längeren Zeitraum eine gewisse Rolle spielen: Wir müssen für eine gewisse *Kontinuität* sorgen, indem wir sozusagen den roten Faden im Auge behalten. Wir müssen *Zusammen-*

hänge herstellen, die derjenige, der seine Konflikte zu verbalisieren versucht, nicht sehen kann, und wir können schließlich zu einer gewissen *Horizonterweiterung* dadurch kommen, daß wir neue Gesichtspunkte einführen.

d) Es wird vorgeschlagen, von der Beratung, die immer Konflikte zu erleichtern versucht, die Betreuung abzugrenzen, die nun nicht mehr darin bestehen kann, auf das Konfliktgeschehen selber einzuwirken, sondern sich darauf beschränkt, einem Menschen in sehr großen Schwierigkeiten ein Stück mitmenschlicher Wegbegleitung anzubieten. Als solche großen Schwierigkeiten nenne ich das psychotische Krankheitsgeschehen, Depressionen in ihren verschiedenen Spielarten, die unheilbare Krankheit und jenes große Sammelbecken von charakterlichen Abartigkeiten, das man als Psychopathie zu bezeichnen sich angewöhnt hat.

Es gibt eine ganze Reihe von Menschen, die an einer Psychose erkrankt sind, denen eine seelsorgerliche Betreuung, die stets in der Zusammenarbeit mit einem Psychiater erfolgen muß, das schwere Schicksal ersparen kann, in einer Heilanstalt interniert zu werden. So konnte in der Arbeit der Berliner Telefonseelsorge über einen langen Zeitraum hinweg ein S-Bahn-Schaffner betreut werden, der die Wahnidee entwickelt hatte, das perpetuum mobile erfunden zu haben, der von allen ausgelacht wurde und sich schließlich bedroht fühlte. Es wurde dabei sowohl vermieden, ihm seine Wahnidee ausreden zu wollen, als ihn darin zu bestätigen. Daß er aber die Möglichkeit hatte, alle vierzehn Tage einem verständnisvollen und zugewandten Menschen zu begegnen, reichte aus, um ihm die ordnungsgemäße Wahrnehmung seiner sonstigen Lebensfunktionen zu ermöglichen.

Auch die Betreuung von depressiven Menschen könnte in zunehmendem Maße zu einer besonderen Aufgabe der Seelsorge werden, wenn der Seelsorger gemeinsam mit einem Fachmann geklärt hat, ob es sich um eine *reaktive Depression* handelt, die als Antwort auf ein kürzliches Verlusterlebnis gedeutet werden kann, um eine *neurotische Depression,* die in der Fehlverarbeitung frühkindlicher Probleme besteht, oder um eine *endogene Depression,* bei der ein krankhafter Prozeß im Körperhaushalt das Primäre sein dürfte. Was immer therapeutisch für einen Depressiven getan wird, die Tatsache, daß ein anderer Mensch da ist, der keine Versuche macht, ihm aus der Depression herauszuhelfen, sondern in ihr durch sein Dasein zur Sinnfindung des eigenen Problems beiträgt, wird gewiß als hilfreich empfunden werden und kann mithelfen, Menschen vor kurzschlüssigen Selbstmordversuchen zu bewahren.

Am entsagungsvollsten ist sicherlich die Betreuung der sogenannten Psychopathen, die überall Schwierigkeiten mit ihrer Umwelt haben und häufig mit Aggressionen nicht gerade sparsam umgehen. An solchen Betreuungsfällen wird es sich erweisen, ob der Seelsorger die persönliche Reife gewonnen hat, die es ihm erlaubt auf die Befriedigung der eigenen Bedürfnisse in seiner Seelsorge zu verzichten. Sie könnten deshalb zum Prüfstein werden dafür, ob die Lektion, die in diesem Buch als die Voraussetzung einer sachgerechten Seelsorge vermittelt werden sollte, nicht nur kognitiv sondern auch emotional bearbeitet werden konnte.

Literaturverzeichnis

Abkürzungen

PR	=	Psychologische Rundschau
PTh	=	Pastoraltheologie
ThPr	=	Theologia Practica
WzM	=	Wege zum Menschen
ZpM	=	Zeitschrift für psychosomatische Medizin
ZThK	=	Zeitschrift für Theologie und Kirche

Affemann, Rudolf, Tiefenpsychologie als Hilfe in Verkündigung und Seelsorge. Stuttgart 1965.

Allwohn, Adolf, Das heilende Wort. Göttingen 1958.

Apel, Karl Otto, Wittgenstein und das Problem des hermeneutischen Verstehens. ZThK 63, 1966, H. 1, S. 1 ff.

Asmussen, Hans, Die Seelsorge. München [3]1937.

Bally, Gustav, Ärztliche Behandlung als dialogische Leidenshilfe. WzM 9, 1957, S. 209 ff.

Bang, Ruth, Hilfe zur Selbsthilfe. München/Basel 1960.

Bastian, Hans-Dieter, Vom Wort zu den Wörtern. Ev. Theologie, 28, 1968, H. 1, S. 25 ff.

Bastine, Rainer, Einführung in die klienten-zentrierte Gesprächstherapie. Praxis der Familienberatung bei WzM 23, 1971, H. 12, S. 481 ff.

Bergsten, Göte, Pastoral Psychology. London [2]1962.

Bernet, Walter, Verkündigung und Wirklichkeit. Tübingen 1961.

Bingham, W. V. D., und Moore, B. V., How to Interview. New York 1959.

Blöschl, Liane, Grundlagen und Methoden der Verhaltenstherapie. Bern 1970.

Blumhardt, Joh. Chr., Die Krankheitsgeschichte der Gottliebin Dittus. Hamburg [6]1950.

—, Gesammelte Werke (ed. Ernst/Scharfenberg) Abt. II, Bd. 1—4: Blätter aus Bad Boll.

Bodamer, Joachim, Gesundheit in der technischen Welt. Freiburg 1967.

Böhme, Wolfgang, Beichtlehre für evangelische Christen. Stuttgart 1965.

Bollnow, Otto Friedrich, Sprache und Erziehung. Stuttgart 1966.

Bont, Walter de, Faustregeln für das Seelsorgegespräch. Freiburg/Basel/Wien 1968.

Breuer, Joseph, und Freud, Sigmund, Studien zur Hysterie. Wien 1895.

Citron, Hans, Über das Gespräch. WzM 16, 1964, S. 417 ff.

Cohen, Rudolf, Grundlagen der Verhaltenstherapie. WzM 23, 1971, H. 12, S. 460 ff.

Droysen, Johann Gustav, Historik. München/Berlin 1937.

Ebeling, Gerhard, Profanität und Geheimnis. ZThK 1968, H. 1, S. 70 ff.

Eysenck, Hans Jürgen, Wege und Abwege der Psychologie. Hamburg 1956.

—, Behaviour Therapy and the Neurosis. New York 1964.

Faber, Heije, und van der Schoot, Ebel, Praktikum des seelsorgerlichen Gesprächs. Göttingen [3]1971.

Fichtner, Horst, Systematik der Seelsorge. Leipzig 1931.

Freud, Anna, Das Ich und die Abwehrmechanismen. London 1952.

Freud, Sigmund, Gesammelte Werke in 17 Einzelbänden. London 1953 ff.

Freud, Sigmund, und Pfister, Oskar, Briefwechsel. Frankfurt a. M. 1963.

Fromm, Erich, Psychoanalyse und Religion. Konstanz 1966.

Fromm-Reichmann, Frida, Intensive Psychotherapy. New York 1953.
Gadamer, Hans Georg, Wahrheit und Methode. Tübingen ²1965.
Goes, Albrecht, Über das Gespräch. Stuttgart 1952.
Gottwald, Peter, Verhaltenstherapie, Grundlagen, Ergebnisse, aktuelle Aufgaben. Hamburg 1971.
Habermas, Jürgen, Erkenntnis und Interesse. Frankfurt a.M. 1968.
Haendler, Otto, Grundriß der Praktischen Theologie. Berlin 1957.
—, Tiefenpsychologie, Theologie und Seelsorge. Aufsätze. Göttingen 1971.
Heigl, Franz, Die Gegenübertragungsangst und ihre Bedeutung. ZpM 6, 1959, S. 32 ff.
Hempel, Johannes, Heilung als Symbol und Wirklichkeit. Göttingen 1958.
Heinrich, Klaus, Parmenides und Jona. Frankfurt a.M. 1966.
Heisenberg, Werner, Physik und Philosophie. Berlin 1965.
Heeroma, Klaas, Der Mensch in seiner Sprache. Witten 1963.
Hofstätter, Peter R., Die soziale Dynamik der psychotherapeutischen Situation. Psyche 1957, H. 10, S. 733 ff.
Horney, Karen, Neurosis and Human Growth. New York 1951.
—, The Problem of the negativ Therapeutic-Reaction. Psychoanalytic Quarterly 1936.
Homans, Peter, Theology after Freud, Indianapolis. New York 1970.
Howe, Reuel L., Menschen müssen miteinander reden. Kassel 1967.
Humboldt, Wilhelm v., Werke in 5 Bänden (ed. Flitner/Giel). Darmstadt 1963 f.
Jäger, Otto, Erziehung zum Gespräch. WzM 16, 1964, S. 225 ff.
Jäger, Werner, Paideia, 2 Bde., Berlin ⁴·²1959.
Jung, Carl Gustav, Psychologie der Übertragung. Zürich 1946.
—, Die Beziehung zwischen dem Ich und dem Unbewußten. Zürich 1951.
—, Von den Wurzeln des Bewußtseins. Zürich 1954.
Kamphuis, Marie, Die persönliche Hilfe in der Sozialarbeit unserer Zeit. Stuttgart ³1968.
Kretschmer, Ernst, Medizinische Psychologie. Leipzig 1941.
Knipping, Hans-Heinrich, Verkündigung als Gespräch. PTh 55, 1966, H. 1, S. 35 ff.
Lackmann, Max, Wie beichten wir? Gütersloh 1948.
Laing, Ronald D., Phänomenologie der Erfahrung. Frankfurt a.M. 1969.
Lange, Ernst, Chancen des Alltags. Stuttgart/Gelnhausen 1965.
Lewin, Kurt, Die Lösung sozialer Konflikte. Bad Nauheim 1953.
Lorenzer, Alfred, Sprachzerstörung und Rekonstruktion. Frankfurt a.M. 1970.
Meili, Richard, Lehrbuch der psychologischen Diagnostik. Bern 1955.
Metzke, Erwin, Die abendländische Kultur des Gespräches und ihr Verfall, in: Medicus Viator (ed. Dietrich Rössler). Tübingen 1959.
Monden, Louis, Sünde, Freiheit und Gewissen. Salzburg 1968.
Moser, Ulrich, Gesprächsführung und Interviewtechnik, PR XV, 1964, H. 4, S. 263 ff.
Müller, Eberhard, Die Kunst der Gesprächsführung. Hamburg 1954.
Müller-Schwefe, Hans-Rudolf, Gespräch als kirchlicher Stil, in: Kritik an der Kirche (ed. H. J. Schultz). Stuttgart/Freiburg 1958.
Nietzsche, Friedrich, Über die Zukunft unserer Bildungsanstalten, 5. Vortr. 1871/72.
Nunberg, Hermann, Allgemeine Neurosenlehre. Bern/Stuttgart 1959.
Ohly, Martin, Verkündigung und Gespräch, in: Fantasie für Gott (ed. Gerhard Schnath). Stuttgart/Berlin ³1970.
Oppen, Dietrich v., Frömmigkeit in einer weltlichen Welt. Stuttgart/Berlin 1959.
Plank, Oskar, Evangelisches Beichtbüchlein. Stuttgart 1956.
Pongratz, Ludwig, Das psychologische Explorationsgespräch. PR VIII, 1957, H. 3, S. 195 ff.
Rensch, Adelheid, Das seelsorgerliche Gespräch. Göttingen ²1963.
Richardson, Stephen A., Barbara Snell Dohrenwend and David Klein, Interviewing, its Forms and Functions. New York/London 1965.

Riemann, Fritz, Bedeutung und Handhabung der Gegenübertragung. ZpM 7, 1960, H. 2, S. 123 ff.
Riesman, David, Die einsame Masse. Hamburg 1962.
Rogers, Carl R., Client-centerd Therapy. Boston 1951.
Rössler, Dietrich, Der „ganze" Mensch. Göttingen 1962.
Sartre, Jean Paul, Das Sein und das Nichts. Frankfurt a. M. 1951.
Scharfenberg, Joachim, Johann Chr. Blumhardt und die kirchliche Seelsorge heute. Göttingen 1959.
—, Das Problem der Angst im Grenzgebiet von Theologie und Psychologie. WzM 20, 1968, H. 7/8, S. 314 ff.
—, Übertragung und Gegenübertragung in der Seelsorge, in: Forschung und Erfahrung im Dienste der Seelsorge (ed. Kiesow/Scharfenberg). Göttingen 1961.
—, Die Telefonseelsorge und ihre Verbündeten. WzM 15, 1963, S. 31 ff.
—, Zur Lehre von der Seelsorge. ThPr, 1969, H. 2, S. 140 ff.
—, Verstehen und Verdrängung. ThPr, 1968, H. 2, S. 130 ff.
—, Sprache, Geschichte und Überlieferung bei Sigmund Freud, in: Dialog über den Menschen (ed. Gerhard Zacharias). Stuttgart 1968.
—, Sigmund Freud und seine Religionskritik als Herausforderung für den christlichen Glauben. Göttingen [3]1971.
—, Religion zwischen Wahn und Wirklichkeit, Hamburg 1972.
Scheunert, Gerhart, Psychoanalytische Situation und zwischenmenschliche Beziehung. WzM 10, 1958, S. 40 f.
Schultz, Hans Jürgen (Hrsg.), Kritik an der Kirche. Stuttgart/Freiburg 1958.
Schultz-Hencke, Harald, Lehrbuch der analytischen Psychotherapie. Stuttgart 1951.
Seebass, Friedrich, Johann Christoph Blumhardt. Hamburg 1949.
Simmon-Kaiser, Marie, Besuch und Begegnung. Freiburg 1968.
Stollberg, Dietrich, Therapeutische Seelsorge. München [2]1971.
—, Seelsorge praktisch. Göttingen [3]1971.
—, Seelsorge durch die Gruppe. Göttingen 1971.
Tausch, Reinhard, Gesprächspsychotherapie. Göttingen [2]1968.
Thilo, Hans Joachim, Der ungespaltene Mensch. Göttingen 1957.
—, Beratende Seelsorge. Göttingen 1971.
Thurian, Max, Evangelische Beichte. München 1958.
Thurneysen, Eduard, Die Lehre von der Seelsorge. München 1948.
—, Seelsorge im Vollzug. Zürich 1968.
Tillich, Paul, Systematische Theologie, Bd. 1. Stuttgart 1956.
Uhsadel, Walter, Evangelische Beichte in Vergangenheit und Gegenwart. Gütersloh 1961.
Waldegg, Hermann v., Das seelsorgerliche Gespräch. Pastoralblätter 105, 1965, H. 10, S. 546 ff.
Wein, Hermann, Sprachphilosophie der Gegenwart. Den Haag 1963.
Weizsäcker, Carl Friedrich v., Sprache als Information, in: Die Sprache (ed. Emil Preetorius). München 1959.
Weizsäcker, Viktor v., Pathosophie. Göttingen 1955.
Whorff, Benjamin L., Sprache, Denken, Wirklichkeit. Hamburg 1963.
Winkler, Klaus, Pastoralpsychologische Aspekte des Gemeindebesuches. WzM 15, 1963, H. 6, S. 201 ff.
—, Tiefenpsychologisch orientierte Beratung. WzM 23, 1971, H. 12, S. 450 ff.
Wittgenstein, Ludwig, Schriften. Frankfurt a. M. 1963.
Wölber, Hans Otto, Das Gewissen der Kirche. Göttingen 1963.
Zündel, Friedrich, Johann Christoph Blumhardt. Zürich/Heilbronn 1880.

NAMEN- UND SACHREGISTER

Joachim Scharfenberg

Einführung in die Pastoralpsychologie

(UTB Uni-Taschenbücher 1382). 1985. 244 Seiten, Kunststoff

In dieser Einführung geht es dem Verfasser darum, den Begriff Pastoralpsychologie zu bestimmen und praktisch zu entfalten. Von ihren Voraussetzungen, ihren Tätigkeitsfeldern, ihren typischen Situationen und von ihren Lernprozessen erzählt er vorwiegend anhand ausführlicher Fallgeschichten und aus der Perspektive des Miterlebens der pastoralpsychologischen Bewegung. Der Leser wird so zum eigenen Erleben eingeladen, aber auch der Anstrengung des Nachdenkens ausgesetzt, wo es um die Theoriebildung der Pastoralpsychologie als einer eigenen Disziplin geht.

Sigmund Freud und seine Religionskritik

als Herausforderung für den christlichen Glauben. (Sammlung Vandenhoeck). 4. Auflage 1976. 221 Seiten, kartoniert

»Scharfenbergs Buch stellt sehr präzise und korrekt den Mann Freud und seine Gedanken dar, es informiert über seine geistige Abstammung und Entwicklung, seine Lektüre, seine Mentalität, die keineswegs so deterministisch-naturwissenschaftlich war, wie das Klischee über ihn meint, über die jüdischen Einflüsse, die auf ihn gewirkt haben, über seine strenge Moral, über sein Gefühl, eine Berufung zu haben. Scharfenberg skizziert Freuds Lehre von den Trieben, der Sexualität, dem Unbewußten, seine therapeutische Methode der freien Assoziation und der Deutung, deren Probleme er mit denen der theologischen Schriftdeutung vergleicht. Er zeichnet Freuds Moral- und Religionskritik nach; darin deckt Freud die Angst, das Schuldgefühl, das illusionäre Denken als Quellen der Religion auf.« *Deutsches Allgemeines Sonntagsblatt*

Glaube und Gruppe

Probleme der Gruppendynamik in einem religiösen Kontext. Hrsg. v. Joachim Scharfenberg. (sehen – verstehen – helfen, Band 5). 1980. 147 Seiten, kartoniert (Gemeinsam mit dem Verlag Herder, Wien)

Der Streit um die Anwendung gruppendynamischer Methoden in der Aus- und Fortbildung kirchlicher Mitarbeiter droht sowohl in der evangelischen wie in der katholischen Kirche die Christen zu spalten. Die Alternative »Glaube oder Gruppe« ist gestellt. Der Herausgeber und die Autoren des Bandes verantworten gruppendynamische Methoden in Fortbildungsinstitutionen der Kirchen. Sie erheben die religiösen Dimensionen der Gruppendynamik in unserer gegenwärtigen Gesellschaft, setzen die historischen Wurzeln der Gruppendynamik in Beziehung zur christlichen Überlieferung, bieten in kritischer Selbstprüfung theologische Kriterien für die Gruppenarbeit an.

Die Autoren informieren sachlich fundiert und engagiert zur Entkrampfung der Debatte.

Vandenhoeck & Ruprecht · Göttingen und Zürich